増補改訂版

布の重なり、つぎはぎの美

ポジャギ
POJAGI

崔 良淑
Choi Yangsook

はじめての人のための詳しいレッスン付き

日本ヴォーグ社

つぎはぐことへの想い ― 崔　良淑（チェ　ヤンスク）

　染色を志し、日本の様々な染色技法を学ぶために来日して、もうすぐ20年になります。染色のために素材を探求し、日韓それぞれの布の素晴らしさを知りました。そして、素材の良さを最大限に生かしたいと考えた時、幼い頃、祖母や母が縫っていた布を思い出しました。どんなに小さな端切れも無駄にしないで、ひと針ひと針縫い重ねていくその布は、シンプルながらも美しく、優しさに溢れていたのです。

　故郷を離れ日本にアトリエをかまえるようになった後、故郷の伝統的手芸であるポジャギに立ち返ることができました。それは祖母や母からの贈り物なのだと思います。

◆ ポジャギの歴史

　古くから韓国では、物を包んだり、食膳の食器類を覆ったりする時に使っていた固有の布のことを"ポジャギ"と呼んでいます。このポジャギは、間仕切りや敷物など、多くの機能を持ち合わせていて、日常の生活用品として広く使われていたことが記録されています。

　ポジャギは、狭い住居で、使用しない時の布団や家財道具を包むなどして使用されていました。使う時は大きく広げ、使わない時は小さく畳むことができる日本の袱紗や風呂敷のようなもので、小さなものは幅30cmくらいから、布団を包むような大きなものになると2mくらいまでのものもあります。風呂敷と違う点は、角にひもが付けられているものがほとんどだということです。

　ポジャギの名称になるまでの歴史的背景ははっきりとはしていませんが、古文献などを見ると、ポジャギが「袱（ポク）」と記録されています。「袱」とは物を包む布、風呂敷、袱紗などという意味です。また、発音が「福（ポク）」と同じなので福を招くといわれ、物を包んで家屋に吊るしておくと福を招き、その一家に幸福がもたらされると信じられてもいました。

　ポジャギのことを漢字では「褓子器」と書き、略して「褓（ポ）」と呼んでいます。褓は「むつき」ともいい、日本でも「乳児を包む着物」という意味があるそうです。

　私の祖母の話では、「ポ、ポポジャ」と呼び、また、赤ん坊を包むおくるみのような布のことをポジャイ（褓子衣）と呼んでいたと聞いています。きっと赤ん坊が成長して不要になったその後、衣服などの余り裂、端切れの布などを使って韓国特有の仕立て技法で布地を足し広げ、日本でいう風呂敷に当たるポジャギ（褓子器）になったのではないかと私は想像しています。

　日本においても、洋服や半纏や着物の擦れ、ほころびに余りのきれで当て布を施すことに始まり、百接ぎ、または寄せ裂とも呼ばれ、小さな端切れを集めて別の用途にするという布の再生利用がなされていました。ただ端切れを無秩序につなぐだけでなく、色調や風合いや同じ素材で合わせたり、上下左右

を対象にしたりと、作る人の創意工夫を施して以前の着物より少しでも見栄え良くでき上がらせています。色や柄、端切れの大小の組み合わせに至るまで、作る人の感性が表れています。

　韓国においても、同じような発想で自分だけのオリジナルな色調を彩りながら、ポジャギは創作されてきました。そして、大切なことは、百接ぎの持つ意味が布の再生利用ばかりでなく、つぎ合わせた着物を乳児に着せることで、丈夫でたくましい子供に成長して欲しいという、母親の願いが込められていることにあるように、韓国においても、ポジャギは祈福信仰によって子供の成長の願いが込められて発達してきたということです。

　日本と韓国において、つぎはぐという慎ましい美徳、そのひと針ひと針に幸福を祈願する行為の合致は、離れている国同士の異質な文化の中に、同質の精神性と造形を感じ見ることができ、人間の思いは同じなのだと感動を覚えました。

◆ ポジャギの分類

　ポジャギは使用する階層によって大きく「宮褓（クンポ）」と「民褓（ミンポ）」に分けられます。また、構造や製作方法、用途などによっても分類されます。

　宮褓は、貴族が宮中で使う礼節を整える儀礼用や、物品の保管に主に使われ、素材は絹で、色は主に紅色系を多く用いています。民褓は民衆が使用するもので、苧麻（ちょま）、綿、麻、紗、紙などあらゆる素材を用いています。また、使用目的も様々で、用途別にも分類されます。

　また、構造によって分類すると、単褓（ホッポ）、袷褓（キョッポ）、襦褓（ソムポ）などに分類されます。単褓は一重仕立てのポジャギで、袷褓は裏布をつけた二重のポジャギです。襦褓は内部に綿（わた）を入れたポジャギで、壊れやすい物や損傷しやすい物を包みます。

　さらに制作方法によって分類すると、刺しゅうの施されたスゥポ（繍褓）、クンパクポ（金箔褓）、クリムポ（画褓）、ヌビポ（日本でいう刺し子）、チョガッポなどがあります。

　なかでもチョガッポは、民褓の代表的な様式のひとつで、日本の百接ぎ、あるいはパッチワークと同じく、端切れをつなぐ方法です。そして私が最も魅かれたのも、このチョガッポで、本書は主にチョガッポを掲載しています。

　チョガッポは、紗、絽のような薄い絹、紬のような風合いのある絹などは裏布をつけて作られたりし、薄地で繊細な苧麻や麻などは一重で作られます。特にポジャギのイメージは、この麻で作られる一重仕立てのチョガッポに代表されることが多く、それというのも、端切れが集まって生まれる、端正な区画線の造形の美しさに比類のものがないからでしょう。余談ですが、苧麻は日本でいう「からむし」のこと。たくさんの手間

をかけて美しい薄い麻に仕立てられるこの名称を、私の工房の名前にもつけて、美しいものを生み出そうと、日々努力しています。

◆ ポジャギの彩り

　韓国5千年の歴史には、儒教の教えを受け、感情表現は思慮深く抑制され、あからさまに表現されることがあまりありませんが、時にはストイックとさえ思える抑制の後ろに、豊かな感情の動きが隠れており、それが外れると、一気に感情表現は激しく表出するのが特徴です。儒教の理念は、社会生活を律する厳格な規範となっており、特に李王朝時代の女達は家族以外のものに姿を見られてはならないとされ、家に閉じこもって暮らしていました。そして、夕方になると街に鐘が鳴り、男達が街から姿を消した後、ようやく外出することができたといわれていました。しかし、そのような状況下にあっても、女性達は「内房」と言われる室内で、日中、色とりどりの端切れを継ぎ足して、美しい針仕事にいそしんでいたのです。

　でき上がったものを見れば、その家の階級がわかるといわれるポジャギ。時には強烈な、時には穏やかなその色彩感は、古代中国が発祥の自然哲学である陰陽五行説（いんようごぎょうせつ）による影響を色濃く受けています。その原理は、宇宙全体の混沌とした中からまず陰と陽が生まれ、さらに5つの波動に別れたというものです。つまり、世の中のすべてのものはこの5つの要素に分類されると考えられたのです。この陰陽五行説に基づき、青、白、赤、黒、黄の5色を自然界の基本色相としました。青は春を表す色で、東の方向を示し、新生や創造、希望を表します。赤は夏を表す色で、南の方向を示し、情熱や愛情、生成などを表します。白は秋、西の方向を示し、潔白、真実、純潔、死別などを表します。黒は冬、北の方向を示し、暗闇を象徴します。黄色は土用、中央の方向を示し、光明と生気などを象徴します。黒は時には紅もしくは緑色などで代用されることもありますが、この五色を「五方色」と言い、基本色として用いてきました。この色彩はより鮮やかに、あるいはより繊細に表現されていきます。

　特にホッポ（単裸）に仕立てられたチョガッポに多く使われているパステル的な色調は、しっとりとしてたいへん奥深く、当時の染色の水準が高かったことを語っています。

　色と面の構成上から見ると、チョガッポの中にはひとつの造形作品としても遜色のないものが多数存在しています。造形芸術を制作する際は、作品に対してあらかじめ構想を立て、それに見合った素材を選択するのが通例ですが、チョガッポにはそのような素材の選択余地はなく、ただ与えられただけの素材をもって作るしかなかったのです。しかし、チョガッポは素材面での弱点があったにもかかわらず、各々の布きれが全体的に調和を醸し出す、ひとつの創造的芸術性を持っています。す

でに捨てられた運命にある端切れを集めて、洗練された構成美を創り出す技と卓越した美的感覚を見る時、チョガッポには芸術的評価の対象となる、十分な素地があると思うのです。

ポジャギは誰もが使用することのできた、韓国の古くからの生活用品です。純粋で敬虔な女性の内面から生み出された希望と喜びの芸術は、私に多くの示唆を与え、創造の喜びと自己達成感を与えてくれます。また、過去と現在を往来しながら針を運んでいると、慎ましい情緒やあらゆるものとの調和が与えられるような気がします。

本書が皆様にとっても「福」となりますよう。名もない女性達のポジャギという針仕事が、現代の造形に新しい感覚を与える契機となることを希望しています。そして、この李王朝の針仕事・ポジャギが普段の暮らしの中で楽しんでいただきたいと思い、"飾る""覆う""敷く""包む""楽しむ"といった、暮らしの目的に合わせた提案をしてみました。あなたのお好きなポジャギの楽しみ方を見つけてください。

最後に、生命果てようとしていたポジャギをひたすら収集し紐解き、光を当て、私達にポジャギとその背景にある文化の素晴らしさを認識させてくれ、また、この本を著すのに快く文献の参照をお許しくださいました、韓国刺繍博物館長の許東華さんに心からお礼を申し上げます。

◆ この本で使われる用語について

ポジャギには様々な技法があり、それにより仕立て方が異なります。この本ではどのような仕立てになっているかわかるように、各作品に技法、仕立て方などを韓国語で示しています。

*仕立て方(構造によって)

ホッポ(単褓)…一重仕立てのポジャギ

キョッポ(袷褓)…裏布をつけた、二重仕立てのポジャギ

ソムポ(襦褓)…二重仕立てで、綿をはさんだポジャギ、ヌビ

*縫い代の状態によって

カルムソル…縫い代を割る方法。裏布をつけて二重仕立てになる縫い代の仕立て方

サムソル…縫い代をかみ合わせ、裏表のない一重仕立てになる縫い代の仕立て方

コップソル(ケキ)…一重仕立てで丈夫に仕立てたい時に用いる。縫い代を2回折る仕立て方

ホッソル…縫い代を片側に倒し、表からサンチム(返し縫の一種)などで縫い代を抑える仕立て方

参考文献

"THE WONDER CLOTH", The Museum of Korean Embroidery, Huh Dong Hwa

『韓国の色とかたち』"韓国の伝統染織品" 許 東華 韓国文化芸術振興院、韓国博物館協会、日韓文化交流モデル事業実行委員会発行

『李王朝時代の刺繍と布』"名もなき芸術家たちへのオマージュ" 許 東華 社団法人国際芸術文化振興会発行

Contents

つぎはぐことへの想い —— 2

飾る
1 タペストリー —— 8
2 復刻ポジャギ —— 9
3 ほうずき —— 10
4 ミシン縫いのチョガッポ —— 11
5 カフェカーテン —— 12
6 サガッポ（四角褓）—— 13
7 タペストリー —— 14
8 フェッテポ —— 15
9 モシチョガッポ —— 16
10 モシチョガッポ —— 17
11 モシチョガッポ —— 18

覆う
12 サンポ（床褓）—— 20
13 ミシン縫いのサンポ —— 21
14 イョイチュムンポ（如意珠紋褓）—— 22
15 スゥ チョガッポ（繍褓）—— 23

敷く
16 テーブルセンター —— 24
17 コースター —— 24
18 オッポ —— 25
19 テーブルクロス —— 26
20 テーブルセンター —— 27
21 テーブルライナー —— 28
22 テーブルライナー・お膳掛け —— 29

包む
23 コチムンポ（鋸歯紋褓）—— 30
24 ノリケポ —— 31
25 ソーイングケース —— 32
26 はさみケース —— 33
27 パヌルコチ（針山）・コルム（指抜き）—— 33

楽しむ
28 ヌビのティーコゼー —— 34
29 セックサヌビの針山・ポソンホンポ —— 35
30 トシ（袖カバー）—— 36
31 ペンダントトップ・ブローチ —— 37
32 バッグ —— 38
33・34 チュモニ（巾着）—— 39
35 バッグ —— 40
36 チュモノ・ラリエット —— 41
37 タクァポ（茶菓褓）—— 42

はじめての人のための
基礎レッスン

用具と材料 —— 43
基本の縫い方 —— 44
縫い代の始末 —— 46
　A カルムソル —— 46
　B サムソル —— 47
　C コップソル（ケキ）—— 50
ポイントレッスン
　花紋縫い（つまみ縫い）—— 52
　くり抜き合わせ —— 53
　如意珠紋（イョイチュムン）—— 54
　パクチ（こうもり）—— 55
サンポ（床褓）を作りましょう —— 56
チュモニ（巾着）を作りましょう —— 59
ミシンで縫う —— 62
ヌビ —— 63

作品の作り方 —— 65

増補改訂版によせて

『布の重なり、つぎはぎの美 ポジャギ』は、2003年に発行されました。
おかげさまで、長い間、教科書のようにして、多くの方々にポジャギの魅力を知っていただきました。その間も皆さまからもっと多くのことを知りたいとの声が多く、増補改訂版を発行することとなり、深く感謝いたします。

この本は、韓国の針仕事であるポジャギを、今から始める方も、これからもっと深めたい方も楽しめるようにしました。作品は元の本を中心に、雑誌「キルトジャパン」誌で掲載された新たなポジャギ作品、さらにミシンで作るポジャギ、ヌビなどの小ものを新たに加えました。

日本では初とも言える"ミシンで作るポジャギ"の制作方法を載せたきっかけは、10年前にあったフランスでの展示会で、大半の人々が、手縫いは苦手なのでミシンでポジャギを作り、自分たちの家に飾りたいとのお声が続いたことと、最近は日本の方もミシンで作れたら…という要望が増え、皆さまが一番作りたいと思われる、苧麻(モシ)のサムソル(縫い代を包む)で紹介することにしました。ミシンで作れば短時間でもカーテンのような大きな作品ができるので、"ポジャギをカーテンにしたい"という夢も叶えられると思います。

これに加え、韓国のキルトとも言える"ヌビ"と"色糸ヌビ"は、韓国伝統の制作方法を解りやすい内容で小ものを中心にまとめました。"ヌビ"は、一冊の本になるほど膨大な内容がありますが、ここではどなたでも作って身近に使える小ものを紹介していますので、一歩踏める、そして進められると思います。

知れば知るほど深くはまるポジャギの魅力は、長い歳月を渡り、針と糸と布が織り成した優しい女性の心と自己表現が豊かな情熱ではないかと思います。韓国の針仕事を通して、生活を彩る楽しい時間になるように願います。

崔 良淑

飾る

光と風をはらんで

家族の幸福や長寿、健康を祈りながら、使い古した布の切れ端をつぎはぎし、再生したポジャギ。
包む、覆うなど本来の機能もさることながら、現代風に窓辺に飾ったり、仕切りに使っても美しい。
無心にひと針ずつ縫い上げた、不ぞろいの布片の集まりが光に透け、幸せを運んでくる…。

1 タペストリー
青系とピンクの薄絹をつなぎ合わせました。
かみ合わせた縫い代が、光にあたると影になるその透明感が美しい。
66×49.5cm、素材／薄絹、仕立て／ホッポ（単袷）、縫い／サムソル、作り方／66ページ

2 復刻ポジャギ

19世紀の四角チョガッポを復刻しました。縫い代のサイズが一定していなくて、その重なりの影がおもしろいです。ポジャギは四方から使えるので、縦横気にせずに楽しんで下さい。

57×57cm、素材／絹（ノバン、オクサ）、仕立て／キョッポ（袷褓）、縫い代／ホッソル、作り方／67ページ

※『こんなに可愛いポジャギ：Bojagi's Simple Elegance』2004年、韓国刺繍博物館発行の225ページ掲載、19世紀の四角チョガッポを再現しました。

3 ほおずき
薄い皮から赤い実が透けて見える、本物そっくりのほおずき。
つなぎ目のような線があるのも一緒です。
約21cm、素材／芋麻、作り方／68ページ

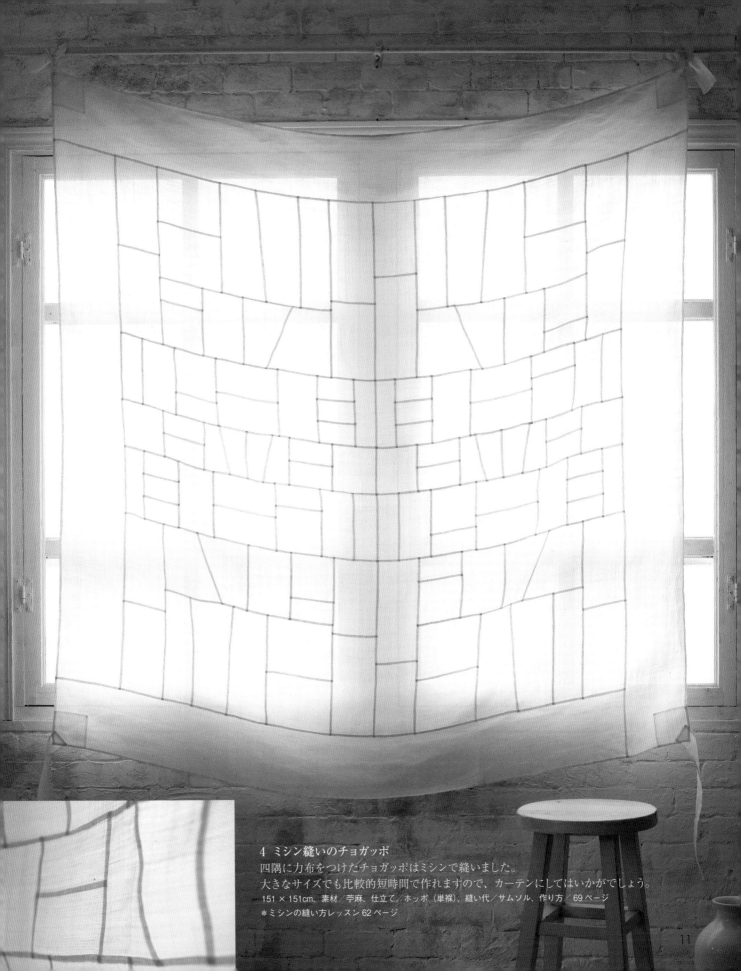

4 ミシン縫いのチョガッポ
四隅に力布をつけたチョガッポはミシンで縫いました。
大きなサイズでも比較的短時間で作れますので、カーテンにしてはいかがでしょう。
151×151cm、素材／苧麻、仕立て／ホッポ（単袷）、縫い代／サムソル、作り方／69ページ
＊ミシンの縫い方レッスン62ページ

5 カフェカーテン
「花紋縫い」という技法を使い、花と葉っぱをあしらいました。
淡い色合いの薄絹が光に溶け、風に揺れます。
90×40cm、素材／絹(紗)、仕立て／ホッポ(単裄)、縫い代／サムソル、作り方／70ページ

6 サガッポ(四角褓)
中心の布を囲むようにつないでいく形は、アメリカンパッチワークにも似ています。
シンプルな造形と光を含んだ藍の優しい表情が魅力的。
58×58cm、素材/苧麻、仕立て/ホッポ(単褓)、縫い代/サムソル、作り方/72ページ

7 タペストリー
パステル調の色合いと織りの地模様が光に透けて、一層映えます。
四隅のひもはふたつに折り、結べるようにつけました。
35×100.5cm、素材／絹(紗)、仕立て／ホッポ(単裱)、縫い代／サムソル、作り方／73ページ

8 フェッテポ
曲線が描くカーブが印象的。
暖色系のやわらかい色調が、見る人の心を和ませます。
36.5×88cm、素材／絹(オクサ)、仕立て／キョッポ(袷裸)、
縫い代／ホッソル、作り方／74ページ

フェッテポ…衣桁につるした衣服を覆うポジャギ。
見た目も美しく、衣服をほこりから守る役割を持ちます。

9 モシチョガッポ
苧麻の白と直線の集合に、凛とした美しさをたたえた1枚。
透けた縫い代の重なりに、迷路のような小宇宙が生まれます。
94×94cm、素材／苧麻、仕立て／ホッポ（単袷）、縫い代／サムソル
作り方／76ページ
※モシとは韓国語で苧麻のこと

10 モシチョガッポ
あいた穴を補うために使われた「くり抜き合わせ」という手法。
高度な技術だけれど、より複雑で深みのあるデザインが生まれます。
140×148cm、素材/苧麻、仕立て/ホッポ（単裌）、縫い代/サムソル、
作り方/77ページ

11 モシチョガッポ
いかにも韓国らしい格子模様には、藍に染めた苧麻を使いました。
光によって透ける色の変化を楽しみます。
152×148cm、素材／苧麻、仕立て／ホッポ(単裸)、縫い代／サムソル、作り方／78ページ

ポジャギの角の四隅についている布を力布と呼んでいます。角を補強し、ひもを固定すると同時に、装飾的な役割もあります。
力布には様々な形があり、このページや17・25ページの作品のようなシンプルな四角形のものもあれば、こうもり型(16・26ページ)、ハート型(14・27ページ)、円型(15ページ)などの形があります。
ポジャギについているひもは、1本から4本まであります。これは用途ごとに使い分けられていたようです。例えばお金や貴重品を包む場合はひもは1本。ひもがついていない三つの角を折り、最後にひもでぐるりと巻いていました。また、おばあさんが孫をおんぶする時や、エプロン代わりに使われていたものなどには、2本のひもを体に縛りつけていました。4本のひもがついてるポジャギは大判のものが多く、布団など大きなものを包んでいました。
現在では、昔使われていたような用途でポジャギを作ることはほとんどなくなりましたが、それでもやはりひもをつけたりしています。それは昔の名残でもあり、カーテンのように新しい使い方をするからでもあります。ひもが昔と今をつなげ、時を結んでいるようです。

覆う

伝統の形が息づく

サンポ(床褓)、タクァポ(菓子褓)、バンサンポ(飯盤褓)など、お膳や食べもの、または家具など、物を覆うために作られたポジャギは多くあります。現代ならインテリアも兼ねて、食卓や手芸道具などに使ってみてはいかがでしょう。伝統の形を生かして、敬意を示しつつ、今の暮らしに取り入れます。

12 サンポ(床褓)

お膳にかぶせるポジャギのことをサンポ(床褓)といいます。中央につけたつまみ布で、持ちやすくしています。

29×29cm、素材/麻、仕立て/ホッポ(単褓)、縫い代/サムソル

＊写真入り詳しい作り方が56ページに掲載されています

13 ミシン縫いのサンポ
藍色のグラデーションでつないだサンポはミシンで縫いました。
アクセントにしたつまみ縫いもミシンで縫えます。
43×43cm、素材／苧麻、仕立て／ホッポ（単袷）、縫い代／サムソル、作り方／79ページ
＊ミシンの縫い方レッスン 62ページ

如意珠紋…仏教の紋様のひとつ。
如意とは、「物ごとが思い通りになる」という意味があります。
カトリックの大聖堂の窓がモチーフとなったアメリカンパッチワークのパターン「カテドラル・ウィンドウ」と偶然にもよく似ています。

14 イョイチュムンポ（如意珠紋褓）
色とりどりの花びらのような模様が素敵です。
光にかざすと、透けて見える縫い代までがデザインの一部だと分かります。
40×40cm、素材／絹（紗、紬）、仕立て／キョッポ（袷褓）、作り方／80ページ

15 スゥ チョガッポ（繡褓）
手持ちの刺しゅう布をはぎ合わせた刺しゅう褓です。
中央をあえてはずしたデザインが、粋です。
32×32cm、素材／絹（紗）、仕立て／キョッポ（袷褓）、縫い代／カルムソル、
作り方／81ページ

敷く

美しく暮らしを彩る

限られた材料で作られたポジャギですが、機能性だけではなく、
そのデザイン性も優れたものとして評価されています。
さりげないおもてなしや、日常を彩る楽しみとして、取り入れたいものです。
モダンなインテリアに合わせても、新鮮です。

16 テーブルセンター
芭蕉布を用いて、和の雰囲気を出しました。
落ち着いた印象ですが、使い方次第でモダンにもなります。
37.6×53.1cm、素材／麻、芭蕉布、仕立て／ホッポ（単裌）、
縫い代／サムソル、作り方／82ページ

17 コースター
少しだけ綿をはさんでふっくらさせました。
茶系でまとめて、落ち葉のイメージです。
10×15cm、素材／麻、仕立て／ソムポ（襦裌）、
縫い代／カルムソル、作り方／83ページ

18 オッポ
柿渋で染めた麻をテーブルクロスに。オッポとは服を包むポジャギのこと。
包んだり覆ったりが印象として強いポジャギですが、このように使うこともできます。
76×76cm、素材／麻、仕立て／ホッポ（単裸）、縫い代／サムソル、作り方／84ページ

19 テーブルクロス
日本の夏の着物で、麻の古布を使いました。家紋を生かしてアクセントに。
涼しげな夏のテーブルにぴったりです。
63×88cm、素材／麻、仕立て／ホッポ（単袷）、縫い代／サムソル、作り方／85ページ

20 テーブルセンター
小さな中にも複雑なはぎ合わせを施して、静かな情熱を与えます。
繊細な色合いは、内に秘めた思いを語りかけてくれます。
33×44cm、素材／絹（紗）、仕立て／ホッポ（単裄）、縫い代／サムソル、作り方／86ページ

21 テーブルライナー
如意珠紋を色布を入れないでそのままつなげました。
ひとつひとつのパターンが浮き出てきます。
同系色でまとめて、明るい食卓をイメージ。
20×120cm、素材／絹(紗)、仕立て／ホッポ(単裋)、作り方／87ページ

22 テーブルライナー・お膳掛け
ブルーとピンクのテーブルに。あまった端布は
とっておいてコースターなどにしてもいいですね。
30×30cm、114×21.5cm、素材／絹（ノバン、ハンナ）、
仕立て／ホッポ（単裇）、縫い代／サムソル、作り方／88ページ

包む

優しい気持ちと願いを込めて

幸せを願う気持ちを込めて、ひと針ずつつぎはぎされたポジャギは、幸福を祈願するものとされていました。
中に包むものは大切なもの。貴金属や手紙など、特に婚礼の儀式で用いられてきました。
誰かを思う気持ちは、いつの時代も変わりません。優しい気持ちを込めて、ささやかな願いを込めて。

23 コチムンポ（鋸歯紋褓）

キロキポを現代風にアレンジ。ループをつけて、四隅のひもをまとめました。
シックな色合いに、カラフルなコチムンがアクセントです。
35×35cm、素材／絹（スコサ、ミョンジュ）、仕立て／キョッポ（袷褓）、縫い代／カルムソル、作り方／89ページ

キロキポ…婚礼の儀式で使われるポジャギ。
キロキ（雁。つがいで長生きするといわれている）の置物を包むためのもので、夫婦円満を祈願しました。
コチムン（鋸歯紋）…三角形を並べたギザギザ模様。鋸の歯のような形から、魔除けの目的で用いられました。

24 ノリケポ
ノリケポとは宝石類を包むポジャギのこと。
オパンセク(五方色)で黒のかわりに紫を使いました。
30×30cm、素材／厚絹、仕立て／キョッポ(袷裕)、縫い代／カルムソル、作り方／90ページ

オパンセク(五方色)…青、赤、黄、白、黒。陰陽五行説に基づいた、自然界の基本色。詳細は4ページ。

25 ソーイングケース
ポケットや糸通しなどがついた機能的な
ソーイングケース。針山やニードルケース
は目的に合わせて付けてください。
23×15cm、素材／苧麻、仕立て／キョッポ（袷褓）、
縫い代／サムソル、作り方／92ページ

26 はさみケース
大切なはさみは、綿を入れてしっかりと包みます。
保護されているので、持ち運ぶのにも便利です。
24.4×12.5cm、素材／麻、仕立て／ソムポ（襦褓）、
縫い代／サムソル、作り方／91ページ

27 パヌルコチ（針山）・コルム（指抜き）
ふっくらとしたかわいらしい丸い針山は韓国伝統の形
です。端切れを集めて、指抜きも作ってみてください。
素材／麻、絹（スコサ、ミョンジュ）、縫い代／カルムソル、
作り方／94ページ

その昔、針は貴重品でした。ひとり1本、またはひと
つの村で1本という時代もあったようです。針山を使
うほど針を持っているのは高貴な身分の人でした。
同じく貴重だった絹を用いて針山を作りました。

楽しむ

新しいポジャギの楽しみ方
ポジャギをもっと身近なものに感じるために、楽しんで使いましょう。
より親しみやすく、日常的に楽しめるアイデアを形にしました。毎日が楽しくなるようなものばかりです。
ポジャギだけでなく、韓国の刺し子ともいわれるヌビも紹介します。

28 ヌビのティーコゼー
キルト綿をはさんで縫い刺ししたヌビで作ったティーコゼー。
つまみに色違いのメドップ(玉結び)をつけて、対になるようにしました。
22×20cm、素材／絹(ミョンジュ)、仕立て／ソムポ(襦褓)、作り方／95ページ
＊ヌビの縫い方レッスン63ページ

ポソンホンポとは型紙を入れるポーチのようなもの。
小さなはさみや針道具を入れてもいいですね。

29 セックサヌビの針山・ポソンホンポ
コードを入れたセックサヌビ（色糸ヌビ）は5色の色を楽しんで。
コードを入れることで立体感としっかり頑丈に仕上がります。
素材／絹（ミョンジュ）、仕立て／ソムポ（襦褓）、縫い代／カルムソル、作り方／96ページ
＊セックサヌビの縫い方レッスン64ページ

30 トシ（袖カバー）

トシは、暑さや寒さを防ぐために手首につけるもので、套袖ともいいます。
綿を入れたヌビで作りました。セーターの上や、袖口が広いコートを着る時にも便利です。
16.5×11cm、素材／絹、仕立て／ソムポ（襦袢）、縫い代／カルムソル、作り方／97ページ

32 バッグ

チュモニ（巾着）の応用で、
持ち手をつけてバッグにしました。
肩に掛けて持ちやすい形にしています。
40×32×8cm、素材／絹（ミョンジュ）、仕立て／キョッポ（袷褸）、
縫い代／カルムソル、作り方／99ページ

33 チュモニ（巾着）
チュモニとは巾着のこと。まちをとりたっぷり入るよう仕上げたので、
部屋に置いて、インテリアにしてもいいですね。
17×7×14.5cm、素材／絹（オクサ、スコサ）、仕立て／キョッポ（袷褸）、縫い代／サムソル ＊写真入り詳しい作り方が59ページに掲載されています

韓国の女性が着る民族衣装・チマチョゴリにはポケットがありません。そこでポケットがわりに使われたのが、このチュモニです。扇、手鏡、香など、入れるものの大きさに応じて作られていました。

34 チュモニ
こちらは小ぶりのタイプ。鮮やかな韓国らしい色で作りました。
バッグにしのばせてはいかが？
20×15cm、素材／絹（オクサ）、仕立て／キョッポ（袷褸）、縫い代／サムソル、作り方／100ページ

35 バッグ
サイズを変えた如意珠紋（イョイチュムン）を
組み合わせました。
薄絹を使って、可憐な優しい印象に仕上げます。
27×18×4.5cm、素材／絹（オクサ）、仕立て／キョッポ（袷褄）、
縫い代／サムソル、作り方／101ページ

36 チュモニ・ラリエット
如意珠紋を立体的につないだ巾着と、風船の
ように丸くふっくらとさせた飾り如意珠紋を
ラリエットに。どちらも軽さが魅力です。
21×8×8cm、素材/絹(オクサ)、仕立て/キョッポ(袷褸)、
縫い代/サムソル、作り方/102ページ

基礎レッスン
はじめての人のための

37 タクァポ（茶菓褓）
40×40cm、素材／苧麻、仕立て／ホッポ（単褓）、
縫い代／サムソル　作り方／103ページ

　ポジャギには、昔から伝わる独特の技法があります。その昔、韓国の女性が皆使っていた方法です。
基本はシンプルなものですので、一度覚えてしまえば、意外と親しみやすいものだということに気付くと思います。
　これからのページでは、ポジャギ作りに必要な基本の縫い方をご紹介します。
　56ページからは20ページのサンポ（お膳かけ）と、39ページのチュモニ（巾着）をレッスンしています。
　はじめての方でも分かるように、なるべく詳しく解説しましたので、本を片手に、始めてみてください。

始める前に	用具と材料…43ページ	レッスン4	サンポを作りましょう…56ページ
レッスン1	基本の縫い方…44ページ	レッスン5	チュモニを作りましょう…59ページ
レッスン2	縫い代の始末…46ページ	レッスン6	ミシンで縫う…62ページ
レッスン3	ポイントレッスン…52ページ	レッスン7	ヌビ…63ページ

始める前に

用具と材料

特別な用具は必要ありません。麻や絹の素材をよく見て、布に合う針や糸を知ることが大切です。

★用具

印つけにはヘラを使うか麻とヌビには水溶性のチャコペンを使います。ペン先の細い（0.8mm）デュオマーカーもおすすめです（大型手芸店などで買えます）。定規は3種の長さを使い分けています。はさみは布切りと糸切りはさみで使い分けます。

★糸

糸は生地の厚さによります。生地の織り糸と同じ太さのものを選ぶことをおすすめします。麻布用、絹用のものをそれぞれ用いますが、なければ、麻には木綿のミシン糸40〜60番、絹には絹のミシン糸50番を。サンチム（返し縫い）には絹の手縫い糸がおすすめです。

★針

針はフランス刺しゅう針が適しています。生地や縫い方により太さを変えていますので右の写真を参考にしてください。まち針は0.5mmのシルクまち針が短くて使いやすいです。

写真はおすすめの針を実物大で写しましたので、目安としてください。No.は針のサイズです。

① 絹カムチルチル（巻きかがり）用…No.7
② 麻カムチルチル（巻きかがり）、絹ホムチル（ぐし縫い）用…No.8
③ 絹サンチム（返し縫い）、しつけ用…No.9
④ 麻サンチム（返し縫い）、しつけ用…No.10

★布

主に麻と絹を用います。表と裏がないホッポ（単裸、一重仕立て）のポジャギには光を通すような薄地を、裏布と合わせるキョッポ（袷裸、2枚仕立て）のポジャギには絹の厚地が向きます。日本で代用できる布としては、薄地の場合はシルク・オーガンジー、紗、絽、上布など。厚地なら絹の紬、生平（麻）などがあります。

麻

ポジャギで使う麻は、大麻と苧麻があります。大麻とは日本でいう一般的な麻のことです。苧麻は韓国伝統の麻で、日本ではからむしといいます。薄地で繊細さが特徴です。透け感のある半透明な素材の美しさを生かして、デリケートな中間色などの組み合わせが多く用いられます。

絹

絹にも、厚地、薄地、ジャガード織りのような地紋の入ったものなどがあります。この本では一般的によく使われる種類を紹介します。

オクサ（玉紗）紗のような透け感と紬のような織り、適度な張りもあるので印がつけやすく、一重仕立てにするのに向いています。

スコサ（熟庫糸）織り模様の入った薄絹。柄は鶴や亀など、韓国で幸福を意味するものが用いられます。写真は牡丹柄。

ミョンジュ（明紬）厚絹。光沢があり、上品で豪華な印象があります。袱紗やサンポなど、小物に使用してもよいでしょう。

レッスン1　基本の縫い方

ポジャギの縫い方は大きく分けて2種類あります。
日本では巻きかがりにあたるカムチムチルと、ぐし縫いにあたるホムチルです。
どちらも、日本でも基本的な縫い方ですね。

★ 下準備

① のりづけ
布によって、縫う前にのりづけするものと、落とすものとがあります。厚手の絹など柔らかいものは、裏面をスプレーのりでのりづけします。麻などでのりが効きすぎていると感じる場合は、2〜3時間ぬるま湯につけ、生乾きのときにアイロンで乾かします。手で折ってみて、折り目のあとが少し残るくらいの柔らかさが調度いいでしょう。

② 布を裁つ
必要な寸法を布の裏面にへらやチャコペンで印します。縫い代は0.5cmほどとります。布がやわらかくてまっすぐとるのが難しい場合は、すべり止めに和紙やカッティングマットを下に敷き、織り地が真っ直ぐになっているのを確認しながら裁つようにします。同じピースのものを何枚も裁つときは、型紙を作っておくと便利です。

③ 縫い代を折る
カムチムチル（巻きかがり）をするときなどは、縫いやすいようにしっかりと縫い代を折り、アイロンをかけます。定規とへらを使います。

④ アイロンをかける
基本的にドライアイロンを使用しますが、作品の仕上げと水溶性のペンの印を消すときはスチームアイロンを使用します。ただし、オクサは縮む恐れがあるので、ドライアイロンのみにしてください。

★ 基本の縫い方
ポジャギの縫い方は、大きく分けると2種類あります。

A カムチムチル（巻きかがり）
布をかがり合わせる縫い方です。ポジャギの最も特徴的な縫い方で、多くのポジャギはこの方法で作られています。
詳しい縫い方は、右ページをご覧ください。

B ホムチル（ぐし縫い）
手縫いの基本的な縫い方です。縫い目をそろえるように注意しましょう。基本的には縫い目が0.2〜0.3cmくらいになるように縫います。
夏用の絹、絽、紗など薄い布には、縫い目が0.1〜0.2cmになるように、細かく縫います。

★ メトップチッキ（縫い始めと縫い終わり）

きれいなポジャギに仕上げるためにも、きちんと始末しておきましょう。3つの方法があります。本書では主にAとCの方法を使っています。

A 玉止め
縫い始めに玉結び、縫い終わりは玉止めにします。手縫いの基本的な方法ですが、ポジャギでは巻きかがりのときに用いる方法です。

B 返し縫い
縫い始め、縫い終わりの玉結びのかわりに1〜3目返し縫いをします。ぐし縫いのときに用います。

C 玉止めと返し縫い
縫い始めに玉結びをし1〜3針返して、縫い終わりは1〜3針返し縫いをしてから玉止めをします。Bの方法よりさらに丈夫に縫えます。ぐし縫いのときに用います。

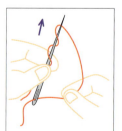

＊玉結びの作り方
糸を通した針の下に糸端を置き、1〜2回針に糸を巻き、指で押さえつけて針を抜いて締めると、結び目ができます。薄い布は1回、厚い布は2回巻きます。

★ サンチム（返し縫いの一種）

サンチムとは返し縫いの一種で、ポジャギの周りを仕上げる時のステッチとして、または縫い代がずれないよう押さえるときに使います。表に出る縫い目の数により、二つ目サンチム、三つ目サンチムがあります。

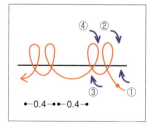

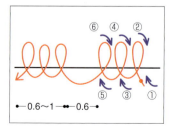

二つ目サンチム
表目のひとつの針目が0.2cm、針目の間隔は0.4cm程度です。

三つ目サンチム
表目のひとつの針目が0.1〜0.2cm、針目の間隔は0.6〜1cm程度です。

★ A カムチムチル（巻きかがり）の縫い方

①始めにはぎ合わせる部分の縫い代を折ります。へらと定規を使って正確に折り、アイロンをかけておきます。

②縫い代が折れました。ここでは練習用に縫い代は1cmとってあります。

③縫い代の折り山を中表に合わせ、まち針で固定します。縫い始めは玉結びを作り、奥から手前に針を出します。

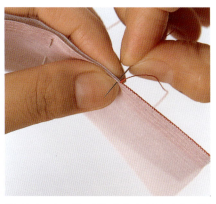

④続けて布2枚の折り山をすくうような要領で奥から手前に真っすぐ針を出します。縫い目は折り山から下の位置、間隔は0.1～0.2cmが目安です。

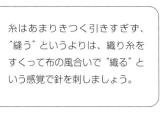

糸はあまりきつく引きすぎず、"縫う"というよりは、織り糸をすくって布の風合いで"織る"という感覚で針を刺しましょう。

⑤縫い終わりは玉止めをします。

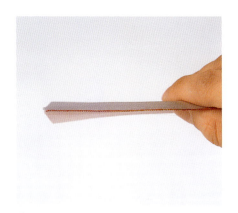

⑥仕上がりの縫い目は多少斜めに見えます。

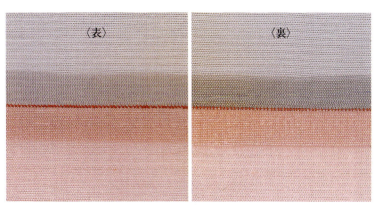

縫い目はなるべくそろえた方がきれいです。はじめは難しいかもしれませんが、次第にそろうようになりますから、続けることが大切です。

45

レッスン2　縫い代の始末

ポジャギの美しさは布と布とをはいだ縫い代の始末の美しさです。
これさえマスターすれば、どんなポジャギにも挑戦できるでしょう。

ポジャギの縫い代は、大きくわけて下記のような4つの始末の方法があります。それぞれ用途などによって使い分けています。

A カルムソル〈縫い代を割る方法〉
キョッポ（袷裸。厚絹などを使い、裏布をつけて二重仕立てにする）に仕立てる場合。

B サムソル〈縫い代をかみ合わせる方法〉
ホッポ（単裸。麻や薄絹などを使い、一重仕立てにする）に仕立てる場合。

C コップソル（ケキ）〈縫い代を2回折る方法〉
ホッポ（単裸。一重仕立て）で丈夫に縫う場合。

D ホッソル〈縫い代を片側に倒す方法〉
薄い布のキョッポ（袷裸。二重仕立て）に仕立てる場合。

注意①
写真では縫いやすいように、縫い代を多めに0.5〜1cmとっています。実際に作品を作るときは、0.5cmくらいにします。縫い代は細いほどきれいですので、手が慣れてきたら挑戦してみてください。

注意②
ポジャギは素材もでき上がりも裏表のないものがほとんど（2枚仕立てにするもの以外）ですが、ここでは分かりやすいように1回目に縫った面を表、2回目に縫った面を裏としました。

注意③
糸はわかりやすいように、あえて目立つ色を使っています。作品を作る時は、目立たない色の糸を使ったり、デザイン次第で他の色を使う場合があります。

A カルムソル〈縫い代を割る方法〉

裏布をつけ2枚仕立てにするので、厚地の絹に多く用いる仕立て方です。カムチムチル（巻きかがり）と、ホムチル（ぐし縫い）にする場合がありますが、方法は同じなのでここではホムチル（ぐし縫い）で紹介します。

①縫い線を印します。

②中表に縫い線同士を合わせ、まち針で固定します。縫い始めは玉結びを作り、ひと針返し縫いをします。

③縫い線に沿って、ホムチル（ぐし縫い）をします。

④最後もひと針返し縫いをして玉止めをします。ホムチル（ぐし縫い）ができました。

⑤縫い代は割り、アイロンで整えます。

B サムソル〈縫い代をかみ合わせる方法〉

縫い代をかみ合わせる仕立て方で、裏表がない仕上がりになります。
表も裏も同じ縫い方で2回縫います。
一重仕立てのポジャギ(ホッポ・単袷)に使われる手法です。
カムチムチル(巻きかがり)とホムチル(ぐし縫い)をする方法とがあります。

★サムソルをカムチムチルで縫う(縫い代をかみ合わせ、巻きかがりで縫う)

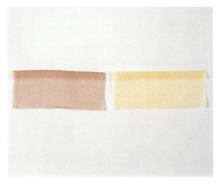

①はぎ合わせる布を用意します。縫い代をしっかりと折り、縫いやすくしておきます。

②右の図を参照して、縫い代がかみ合うように重ねます。

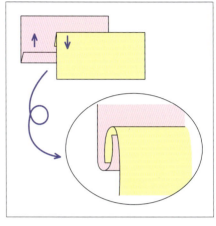

＊縫い代の合わせ方

③重なった縫い代の中央部分にしつけをかけます。

④片方の縫い代の折り山に合わせて山折りをします。定規とへらを使って、まっすぐ折り目をつけましょう。

⑤④でつけた線に合わせて、しっかりと折ります。

47

⑥折った山を重ねてカムチムチル（巻きかがり）をします。縫い始めは玉結びにします。

⑦縫い終わりは玉止めにして、1回目が縫えました。

⑧裏に返し、さっきとは逆側の縫い代の折り山を④と同じ要領で折ります。

⑨⑥と同様にカムチムチル（巻きかがり）をします。

⑩最後にしつけをとります。写真のように表から見ても裏から見ても、同じ仕上がりになります。

＊縫い代のとり方

サムソルで実際に仕立てる場合、表とする面にどちらの布の縫い代の折り山が上にくるかで、縫い代のとり方が変わってきます。折り山が上にくる布をaとすると、下にくる布bの方が、重なりの関係で2倍の縫い代がとられます。

例えば、仕上がりでaが10cm、bが10cmではぎ合わせて20cmにしたい場合は、aは10cm＋縫い代0.5cm＝10.5cm。bは10cm＋縫い代0.5cm×2＝11cmの布を用意します。

また、きれいに仕上げるには、縫い代を0.3〜0.4cmくらいにしておくと、実際の仕上がりが布の厚みで0.5cmくらいになります。

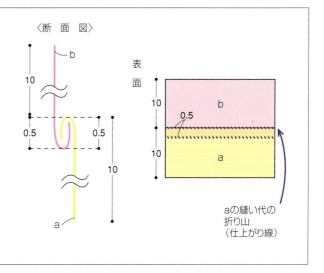

★ サムソルをホムチルで縫う（縫い代をかみ合わせ、ぐし縫いで縫う）

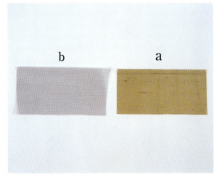

①布を準備します。縫い代は2枚とも0.5cmとり、縫い線を印します。

②布bの縫い線のすぐ下に、布aを重ねます。布がずれないよう、まち針で固定しておきましょう。

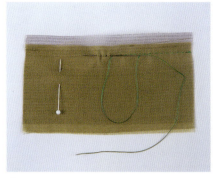

③布aの縫い線に合わせてホムチル（ぐし縫い）をします。縫い始め、縫い終わりはひと針返し縫いをします。

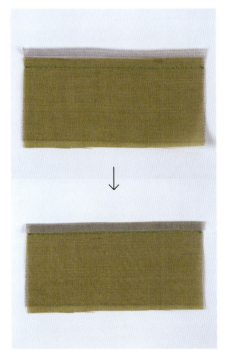

④布bの縫い代を折ります。縫い線に沿ってへらで折り目をつけ、布aにかぶせるようにして折ります。

⑤2枚の布を開き、縫い代を布a側に倒します。

⑥上下を持ち替えて、今度は布bの折り山の際にホムチル（ぐし縫い）をします。

〈表〉

〈裏〉

⑦でき上がり。慣れてきたら縫い代を細くとって縫ってみましょう。

C コップソル（ケキ）〈縫い代を2回折る方法〉

夏の布（紗、絽など）のような薄い布を仕立てるときに使います。
縫い代が丈夫で、繊細な仕上がりになるのが特徴です。

※わかりやすいように
糸の色を変えています。
1回目→黄色
2回目→青
3回目→赤

① 縫い代を0.5cmとり2枚の布を中表に合わせ、縫い線に沿って細かくホムチル（ぐし縫い）をします。これが1回目です。

② 縫った線の際を手前に折ります。へらで折り線をつけてから折るときれいにできます。

③ 1回目（黄色）の縫い線の下0.3cmのところを、ホムチル（ぐし縫い）します。

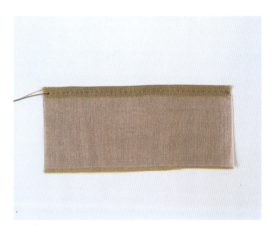

④ 2回目（青）が縫えました。

⑤ 2回目の縫い線のすぐ下を手前に折ります。

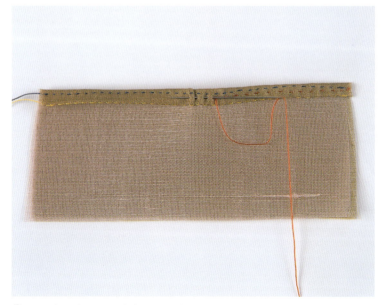

⑥ 1回目（黄色）と2回目（青）の縫い線の真ん中を、細かくホムチル（ぐし縫い）します。

⑦3回目(赤)が縫えました。

⑧布を開いてでき上がりです。

D ホッソル〈縫い代を片側に倒す方法〉

縫い代を片側に倒す方法です。2枚仕立てにする際に用います。
ホムチル(ぐし縫い)をして倒した縫い代に、
表からサンチム(返し縫い)などのステッチをして押さえます。

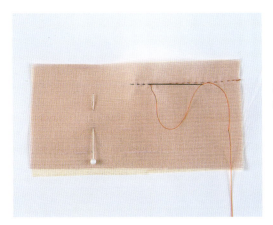
①2枚の布を中表に合わせ、縫い線に沿ってホムチル(ぐし縫い)をします。

②へらで折り線をつけて縫い代を片側(ピンクの布側)に倒し、アイロンでしっかりと押さえます。

③倒した縫い代を表からサンチム(返し縫い)で押さえてでき上がりです。

レッスン3　　ポイントレッスン

ポジャギに用いる特徴的な縫い方や飾り縫いの方法です。
デザインに深みを与えたり、作品をレベルアップさせたりするのに使いましょう。

花紋縫い（つまみ縫い）

布地をほんの少しつまんで曲線の模様を作り出す花紋縫いは、韓国の伝統的な紋様です。
カーブを縫うのは難しいですが、直線が多いポジャギに映えますので、ぜひ挑戦してみてください。

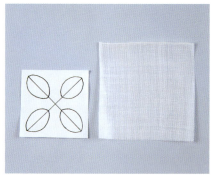

①下絵と布を用意します。縫うと少し縮むので、布は大きめにとっておきましょう。

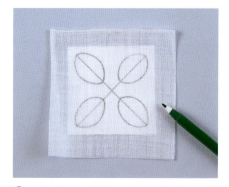

②下絵の上に布を置き、ペンでなぞります。

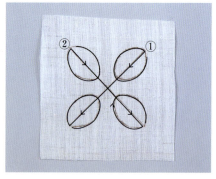

③写真の順序で、ひと筆書きのように続けて縫っていきます。

④まずは花びらの曲線部分を縫います。なぞった線に沿って手で折り目を作ります。

⑤折り山の際（目安として0.1〜0.2cmのところ）にホムチル（ぐし縫い）をしていきます。まず玉結びを作り、布の裏から刺します。

⑥ホムチル（ぐし縫い）をしていきます。

⑦糸を切らずに続けて直線部分も縫います。

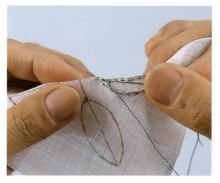

⑧線が重なるところは、2回目に縫うときは針を下にくぐらせて、針目が重ならないようにします。

⑨でき上がりです。アイロンで縫い目を整えますが、縫い目をつぶさないで立体的になるように注意しましょう。

くり抜き合わせ

もともとはあいてしまった穴をふさぐために使われた手法で、サムソル（縫い代をかみ合わせる方法）で仕立てます。作品のデザインとしても、多く取り入れることができます。

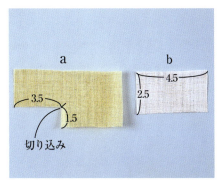

①a、bともはぎ合わせる部分に縫い代を0.5cmつけます。aの布の縫い代が重なる部分に、縫い代より0.1cm短く切り込みを入れておきます。

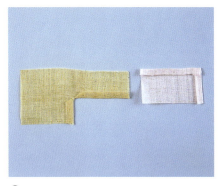

②かみ合わせる面の縫い代を折り、アイロンでしっかりと折り目をつけます。

③サムソルに仕立てます。折った縫い代同士をかぶせるようにしてかみ合わせ、縫い代の真ん中にしつけをかけます。

④縫い代の折り山が上にきている布bの際に合わせて布を折ります。へらであとをつけておくと、折りやすいです。

⑤折った部分をカムチムチル（巻きかがり）します。

⑥一辺が縫い終えたら、糸は針に通したまま残しておき、一度開き、もう一辺を同じようにして折ります。

⑦⑥で残しておいた糸を使って、もう一辺をカムチムチル（巻きかがり）をします。

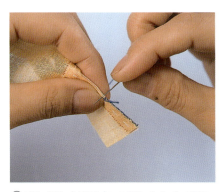

⑧裏に返し今度は布aの際に合わせて折り、同様にカムチムチル（巻きかがり）を二辺にします。

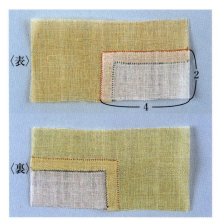

⑨でき上がりです。

如意珠紋（イョイチュムン）

韓国に古くから伝わる模様で、絹ものに多く使われています。如意とは仏教の一切の願望をかなえるという如意宝珠に由来する模様ですが、偶然にもアメリカンパッチワークのカテドラルウィンドウと形も作り方も似ているところがおもしろいです。

①正方形の布を用意。縫い代を折り中心点をつけます。(正方形の布＝でき上がりモチーフ×2＋縫い代分)

②縫い代の角の内側から、玉結びをした針を刺します。

③角を内側に倒し中心点をひと針すくいます。

④同じ要領で、すべての角をすくいます。

⑤4カ所すくえたら、糸は切らずに残しておきます。

⑥アイロンで押さえて整えます。

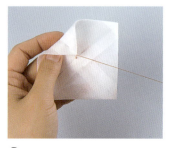

⑦裏に返し、同様に四つ角を中心に折っていきます。

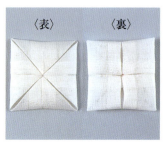

⑧最後に玉止めをし糸を切ります。

⑨同様にして2枚作り、中表に合わせてカムチムチル（巻きかがり）でつなぎます。

⑩つなぎ目にできた正方形に配色布を置き、まち針で固定します。

⑪配色布の4辺と重なる部分の布を折り返し、まち針で固定します。

⑫4辺を折り返しました。

⑬折り返した部分の際を0.5cm間隔でサンチム（返し縫い）で押さえていきます。

⑭できました。

⑮同様に周囲にも配色布を止めつけます。ここでは2枚だけの例ですが、⑨ですべての枚数をつなぎ⑩～⑮とすすみます。

パクチ
(こうもり)

漢字で書くと「蝙蝠」。韓国語では「蝠(ポク)」が「福(ポク)」と同音であったことから、福の象徴として使われていました。装飾的な効果と、2枚以上の布がずれないように固定するという役割があります。

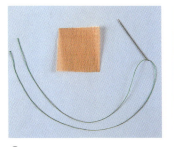

① 一辺が3cmの正方形の布と、長さ30cmくらい、玉結びをした糸を用意します。

② 布を三角になるよう半分に折り、中心に折り目をつけておきます。

③ ②でつけた中心線に向かって、角から布を固めに巻いていきます。

④ 中心線まで巻けたら、写真のように左手に持ち替えます。

⑤ 先に巻いた部分しっかりと押さえ、同様にして反対側も巻きます。

⑥ 両側が巻けました。

⑦ 巻いた面を外側にして半分に折り、左手でしっかりと持ちます。

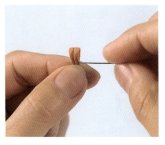

⑧ 折り山の0.5cm下を、巻いた部分をくぐらせて横にひと針すくいます。

⑨ ⑧のすぐ横から貫くように向こう側へ針を通します。

⑩ 針目の上から糸で3回、きつく巻きます。

⑪ ⑨の向こう側のまだ針を貫いていない巻いた部分から、手前に針をもう一度刺します。

⑫ 玉止めをします。糸は切らずに残しておきます。

⑬ 巻いた糸の際(0.1cmほど下)のところを切ります。

⑭ 折り山の中心から左右に開き、形を整えます。

⑮ でき上がりです。残しておいた糸で、作品に止めつけます。

レッスン4
サンポ(床褓)を作りましょう

カムチムチル(巻きかがり)のサムソル(縫い代をかみ合わせる方法)で一重仕立てにしたサンポ(床褓。お膳かけ)です。折り山の位置に注意して、確認しながら作りましょう。

配置図

◆**材料**
本体…薄地麻生成り・ピンク・黄色各適宜 つまみ布…薄地麻生成り14×5cm こうもり飾り布…薄地麻ピンク・黄色を各3×3cm 綿糸白適宜
※写真ではわかりやすいように、赤い糸を使っています。
※カムチムチルで縫うサムソル仕立ては、47ページに詳しい基礎を掲載しています。

20ページの作品
仕立て／ホッポ(単褓)、縫い代／サムソル、基本の縫い方／カムチムチル(巻きかがり)
29×29cm

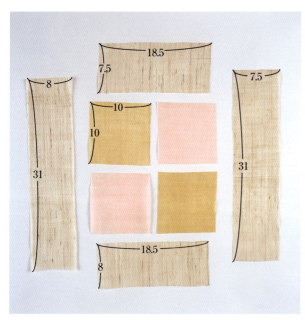

① 写真を参考にして断ち切りで布を裁ち、配色を確認します。

② 縫い代をかみ合わせ、両面を2回巻きかがるサムソル(47ページ)に仕立てます。まずは中央部分のはぎ合わせる辺に0.5cmの縫い代をとります。

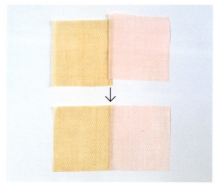

③ 右側にくる布の折り山が上になるように縫い代をかみ合わせ、しつけをかけます。

④ ピンクの布の縫い代の折り山の際で折り、カムチムチル(巻きかがり)をします。

⑤布をいったん開き裏側に返してから、同様に黄色の縫い代の折り山の際で折り、カムチムチル（巻きかがり）をします。

⑥ピンクと黄色の配色を反対にし、②〜⑤と同じ要領でもうひと組縫います。2枚ずつ2組が縫えました。次はこの上下を合わせます。

⑦縫い代を0.5cmとります。縫い代の折り山をそろえるために、上側の布は裏に、下側の布は表に縫い代を折ります。

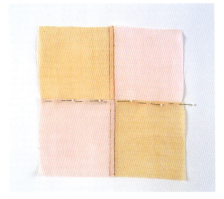

⑧縫い代をかみ合わせてまち針を打ちます。まち針は真ん中から先に打ちましょう。
※まち針が刺しやすいように、上下を逆にしています。

⑨しつけをかけて固定しまち針をはずします。
※上下を戻しています。

⑩縫い代の折り山の際を折ります。写真はへらだけですが、定規を添えるとなお真っ直ぐ正確に折ることができます。

⑪折った部分をカムチムチル（巻きかがり）します。表と裏の両側を縫います。

⑫中央の4枚が縫えました。縫い代の折り山は右、上の布が上にきているのがわかります。

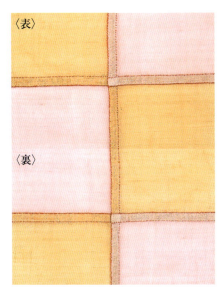

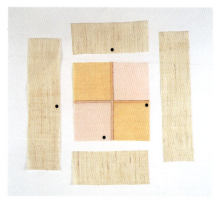

⑬次に周囲の布を縫います。上下、左右の順に同様にして縫い合わせます。●印の辺の折り山が上にくるように、縫い代をかみ合わせます。

⑭すべての布が縫い合わされました。

⑮端の始末をします。縫い代を0.5cmつけて裏側に2回折り、しつけをかけます。

⑯角の部分は重ねて折ります。

⑰縫い代の折り山の際を折り、周囲をカムチムチル（巻きかがり）で仕上げます。

⑱つまみ布を用意します。四辺の縫い代0.5cmを折ります。

⑲⑱を半分に折り、周囲3辺をカムチムチル（巻きかがり）して閉じます。

⑳⑲を半分に折り、片側をさらに半分に折り返し、折り返した部分を下にして本体中央にまち針で仮止めします。

㉑つまみ布をこうもり（55ページ参照）で本体に止めつけます。しっかりとつけるために、こうもりの残り糸ではなく、2本どりの糸を使います。
※針の入れ方は61ページのイラスト参照

レッスン5
チュモニ(巾着)を作りましょう

チュモニとは、チマチョゴリを着用する際のポケット代わりとして使われた巾着です。
ホムチル(ぐし縫い)のサムソル(縫い代をかみ合わせる方法)で仕立てました。

配置図

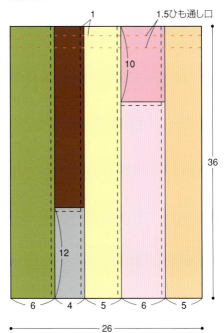

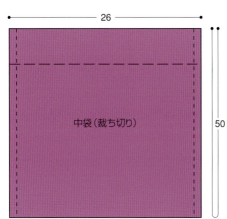

39ページの作品
仕立て／キョッポ(袷裌)、縫い代／サムソル、
基本の縫い方／ホムチル(ぐし縫い)
17×7×14.5cm

◆材料

表布…絹(オクサ)各色適宜　中袋…絹(スコサ)ピンク50×26cm　こうもり…絹(オクサ)ピンク3×3cmを2枚　茶色打ちひも45cm2本　絹糸緑適宜
※写真ではわかりやすいように、赤い糸を使っています。
※ホムチルで縫うサムソル仕立ては49ページに詳しい基礎を掲載しています。

① 写真を参考にして断ち切りで布を裁ち配色を確認します。

② 小さいピースからはぎ合わせていきます。縫い代を0.5cmとり縫い線を引きます。

③ 上にくる布の縫い線に下の布の上辺を合わせ、ずらして重ねます。下の布の縫い線をホムチル(ぐし縫い)します。

④ 上下を返して、③ではみ出した縫い代を短い方の縫い代へ包むように倒し、折り山の際をホムチル(ぐし縫い)します。

⑤ 同様にして各ピースをはぎ合わせていきます。写真は3枚を縫い合わせたところです。サムソルは表裏のない仕立て方ですので、ここでは裏にしていた面を表側に使います。

59

⑥すべてのピースが縫い合わされました。

⑦⑥を中表にして半分に折り、ひも通し口を残して両脇を縫い合わせます。

⑧脇の縫い代は割り、袋口を1cm裏側に折り返します。

⑨中袋用布を中表にふたつ折りにして脇を縫い、縫い代は割ります。

⑩中袋の袋口から4.5cmのところを裏側に折り返します。

⑪中袋と本体を合わせます。中表にしたままの状態で、底の角同士を1cmほどカムチムチル（巻きかがり）でとめておきます。

⑫本体を中袋にかぶせるようにして表に返します。

⑬本体と中袋をまち針で固定します。本体の袋口から1.5cm下のところ（ひも通し口・下）を印しておきます。

⑭本体の袋口の際と⑬で印したひも通し口を二つ目サンチム（返し縫い・44ページ参照）で縫い止めます。

⑮二つ目サンチムが2本縫えました。ここがひも通し口になります。

⑯底の両端にまちをとります。それぞれ下から4cmのところにへらであとをつけ、折り上げます。

⑰アイロンでしっかりと押さえてから、まち針で押さえます。

⑱こうもり(55ページ参照)を二つ用意し、それぞれまちの角の先端に縫いつけます。

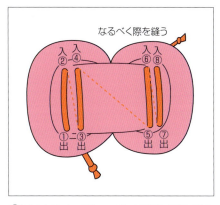
⑲図のようにして縫いつけ、最後は裏側に玉止めをして固定します。

⑳こうもりがつきました。

㉑左右のひも通し口からそれぞれひもを通します。

㉒ひも先に飾り結びをして、でき上がりです。

でき上がり

レッスン6

ミシンで縫う

手で縫うのが基本のポジャギでしたが、ミシンで素早く縫うこともできます。
ここではサムソル（縫い代をかみ合わせる方法）と直線で縫うつまみ縫いの2つの縫い方をご紹介します。

★用具

水性チャコペン、へら、リッパー、ミシン針、まち針

★糸

ミシン糸のシャッペスパン60番、またはコットン100％のミシン糸がおすすめ

★布

苧麻（モシ）を使用しました

★サムソルをホムチル（ぐし縫い）で縫う

① aとb布を用意します。（aの布が縫い代が上にきます）

② 布に0.5cmの縫い代で縫い線を引き、縫い代分をずらして中表に合わせしつけをかけます。

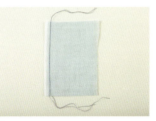

③ 縫い始めと縫い終わりは返し縫いはせずに糸を長めに残してミシンで縫います。

④ 裏側から残しておいた糸を片結びし、余分な糸は切ります。

⑤ bの布の0.5cmのところにへらで折り目をつけ、a布側に縫い代を2回倒してくるみます。

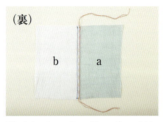

⑥ 倒したb布の縫い代の折り山の際をミシンで縫います。

⑦ 縫い始めと終わりの糸の始末をして完成です。

★つまみ縫い

① 布を用意し、つまみ縫いをしたい部分に表から線を引きます。

② へらで線をなぞってから、手で折り目をつけます。しつけをかけておくとずれません。

③ 折り山の際をミシンで縫います。縫い始めと終わりは長めに糸を残しておきます。

④ 裏側から一目引き上げて、玉結びをして糸の始末をします。

（表）
（裏）

⑤ つまみ縫いができました。

> ＊ミシンで縫う時のコツ
> ・線がずれないよう、しっかりしつけをかけてから縫うようにします。
> ・慌てず、線に沿ってゆっくり縫うようにしましょう。

レッスン7

ヌビ

韓国のキルトともいわれるヌビ。均等に並んだ線が美しいので、印つけからはじめましょう。
セックサヌビはコードを入れながら縫っていく手法です

★用具

針はメリケン針の8番がおすすめ。へら、デュオマーカー、固定するためのクリップ、板、プラスチックボード、指ぬき。かんしはセックサヌビに使用します。

★糸

基本のヌビは絹ミシン糸50番をロウ引きして使うので、糸用ワックスも用意します。セックサヌビには絹の手縫い糸とコードは細幅と中太を使い分けています。

★布

平織りの布を使用します。絹は厚手のミョンジュなど。セックサヌビにはしっかりした手織りの木綿（ムミョン）を、裏布は柔らかいガーゼを使用しています。

★印つけ1　オルティギ　やや甘い織りの絹（明紬）、平織りの布に向いています

① たて糸を引いて線をつける方法です。ヌビの幅に点で印をつけておきます。

② 印をつけたところのたての織り糸を針ですくいます。

③ すくった糸をまっすぐ引きます。たてに糸が引っぱられます。

★印つけ2　針で線を引く
機械織りでやや目のつまった布に

ふとん針など太めの針を使い、布の繊維に添って針を寝かすよう倒して線を引きます。

④ 糸は切らずにたて糸をゆらすようにして布をならしながら引きます。

⑤ 線が一本通ったら糸は抜かず、出ている糸を切ります。

⑥ すべての糸を引いたところ。たてに線がつきました。

★ロウ引き

① 使用する長さに切った糸を数本束ねて、糸用ワックスにのせて手前に引きます。

② 薄紙で糸をはさみ、高温のアイロンを当てます。ロウが溶けて均等につきます。

★基本のヌビ

① 印をつけた表布、キルト綿、裏布を重ねて三層にします。

② まち針で仮止めをしてから、両脇に当て布をつけます。

③ ボードにのせクリップで固定します。間にプラスチック板をはさみ、半返し縫いでしつけをかけます。

④ 布がずれないよう、平らに置いたまま、すくうようにしてぐし縫いをします。

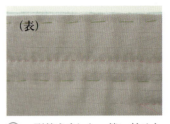
⑤ 一列縫えました。縫い始めと終わりは半返し縫いをします。

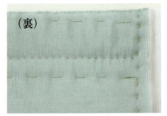
裏側も同じ針目になるのが理想です。

★セックサヌビ（コード入りヌビ）

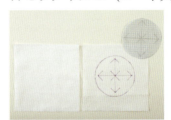
① 表布に図案を写します。裏布は柔らかいガーゼを使用します。

② 表布と裏布を重ね、中心から返し縫いで図案を縫います。

③ 2枚の布の間にコードをはさみます。縫い目に沿わせていきます。

④ 裏側から返し縫いをし、コードの始点がずれないようにします。

⑤ 表に針を出してコードがずれないよう指で押さえながら返し縫いをします。

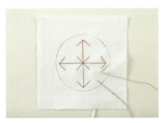
⑥ 角まで縫えました。そのまま図案に沿って、コードをはさみながら縫います。

⑦ 角を曲がるときは、かんしでコードをつまんで押し込むようにして曲げます。

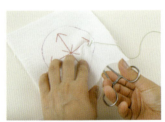
⑧ コードが曲がったら表から指で押さえ、布を引きながら縫い進めます。

⑨ 一周縫えました。次はこの縫い目にコードを添わせて縫っていきます。

⑩ 一周縫うごとに糸の色を変えて縫います。すべて縫えました。

How to Make POJAGI
作品の作り方

● 作り方図の中で、特に指定のない数字はcm単位で表示しています。
● 作り方図・型紙は、断ち切りなどの指定がない限り、すべてでき上がり寸法で表示しています。布を裁つ時は縫い代を0.5cmほど加えてください。サムソルの縫い代のとり方については、48ページを参照してください。
● 糸は特に指定のない場合は、布と同系色を使用します。

1. はぎ合わせの順番について

もともとは端切れを縫い合わせたもので（縫い残りやチマチョゴリの切れ端など）、クレイジーキルトのように即興ではいでいきますが、ある程度規則性があります。
① 四角または三角の布が2個または4個が組みになり、ブロックとして整然と並びます。この場合、ブロックごとにはぎ合わせ、最後にブロックをつなげます。
② 中心部分の四角を囲むように、四角形のブロックを円形に広げるようにつなげていきます。
③ 中心部分がちょうど漢字の「井」の書き順ように、上下左右の順番で対称にはぎ合わせていきます。または風車の羽がまわるように一定の方向にはぎ合わせていきます。

2. 布の裏表について

ポジャギに使用する布には、裏表がないものが多く（苧麻など）、ポジャギ自体もサムソル（縫い代をかみ合わせる方法）などの仕立てにすると、裏表のないリバーシブルになります。ただし、この本では区別するために、あえて1回目に縫った面を表、2回目を裏と表記することにします。
また、サムソルで仕立てた場合は、表側の布の縫い代の折り山を実線、裏側の布の折り山から見える針目をカムチムチル（巻きかがり）なら点線、ホムチル（ぐし縫い）なら破線で表記してあります。表側の縫い代の折り山の針目は省略してあります。

1 タペストリー
8ページの作品

仕立て／ホッポ（単袷）、縫い代／サムソル（縫い代をかみ合わせる方法）、基本の縫い方／ホムチル（ぐし縫い）

◆**材料**
表布…薄絹青・濃紺・水色・白・ピンク・濃ピンク各適宜、棒通し…薄絹白15×55cm

◆**でき上がり寸法** 66×49.5cm

◆**作り方**
①図を参照し縫い代をつけて布を裁ちます。
②布2枚を中表にしてホムチル（ぐし縫い）で縫い、サムソル仕立てにします。
③横の列ごとにつなぎ、大きいブロックにつないでいきます。
④端は三つ折りして始末します。
⑤棒通しを本体にまつりつけます。

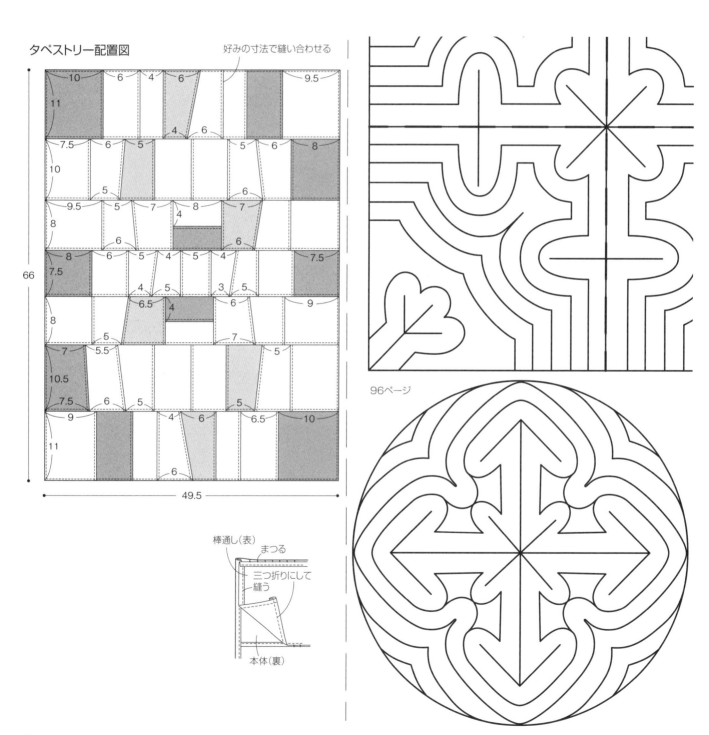

96ページ

2 復刻ポジャギ

9ページの作品

仕立て／キョッポ（袷褓）、縫い代／ホッソル（縫い代を片側に倒す方法）、基本の縫い方／ホムチル（ぐし縫い）

◆材料
表布…絹（ノバン）淡い黄土色・白・淡いピンク・濃いピンク・緑・黄緑・青・明るい青・紫色・絹（オクサ）白各適宜、裏布…絹（ノバン）淡い黄土色60×60cm

◆でき上がり寸法　57×57cm

◆作り方
①図を参照し縫い代をつけて布を裁ちます。
②布2枚を中表にしてホムチル（ぐし縫い）をします。
③縫い代を矢印の方に片倒します。
④上、中、下のブロックを作り、列ごと縫い合わせて表布を完成させ、周囲の縫い代を折ります。
⑤裏布の周囲の縫い代を折ります。
⑥表布と裏布を外表に合わせてコの字はぎで仕上げます。

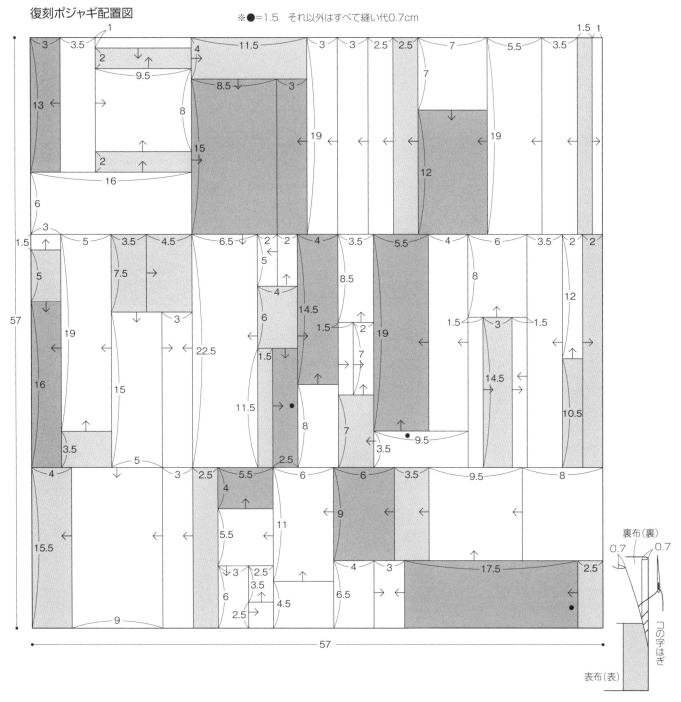

復刻ポジャギ配置図
※●=1.5　それ以外はすべて縫い代0.7cm

3 ほうずき

10ページの作品

基本の縫い方／ホムチル（ぐし縫い）

◆材料
本体・実・へた…苧麻25×25cm、つめ綿適宜

◆でき上がり寸法　約10×5cm

◆作り方
①図を参照して布に型紙を写します。
②①のでき上がり線と折り山をヘラで印をつけ布を裁ちます。
③折り山をホムチル（ぐし縫い）します。
④へたを折りたたみ、大きい目でまつり、糸を引いて形を調整します。
⑤実の縫い代を内側に折り、ホムチル（ぐし縫い）し綿を入れて絞ります。
⑥本体表の★印にへたを縫いとめます。
⑥本体裏の★印に実を縫いとめます。
⑦隣同士を中表に合わせて返し口を残してホムチル（ぐし縫い）します。
⑧表に返して返し口の縫い代を内側に折り、ホムチル（ぐし縫い）します。

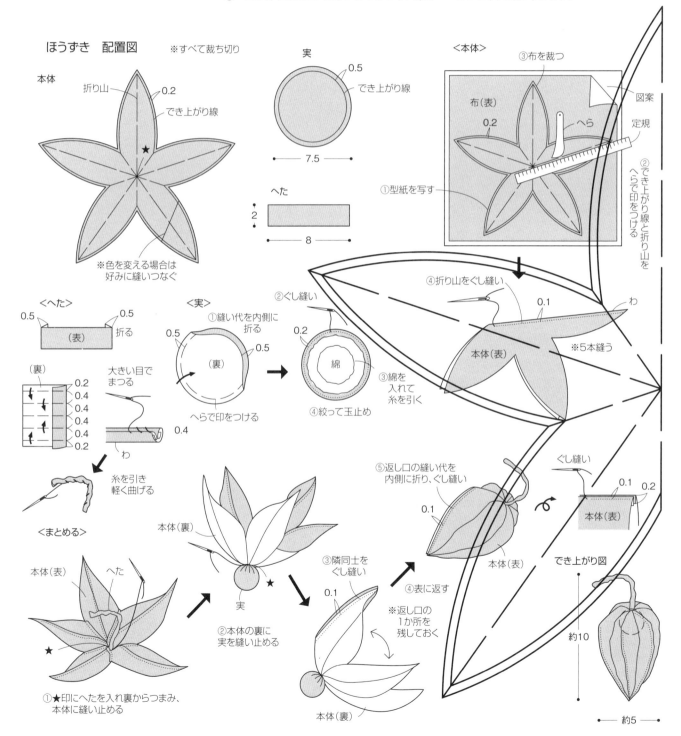

4 ミシン縫いのチョガッポ

11ページの作品

仕立て／ホッポ（単裸）、縫い代／サムソル（縫い代をかみ合わせる方法）、基本の縫い方／ミシンのホムチル（ぐし縫い）

◆ **材料**
本体（力布・ひもを含む）…苧麻白幅32×1100cm

◆ **でき上がり寸法** 151×151cm

◆ **作り方**
①図を参照し縫い代をつけて布を裁ちます。
②縫い代をかみ合わせてミシンで縫い、サムソルに仕立てます（縫い方は62ページを参照）。
③A、B、Cのブロックを作り、列ごと縫い合わせて中央部分を作ります。
④③の周囲にDEFGを順番に縫い、本体を完成させます。
⑤端を三つ折りにしてミシンのホムチル（ぐし縫い）で始末します。
⑥ひもの端も本体の端と同様に始末して4本作ります。
⑦本体の四隅にひもを縫い、力布を重ねて縫います。

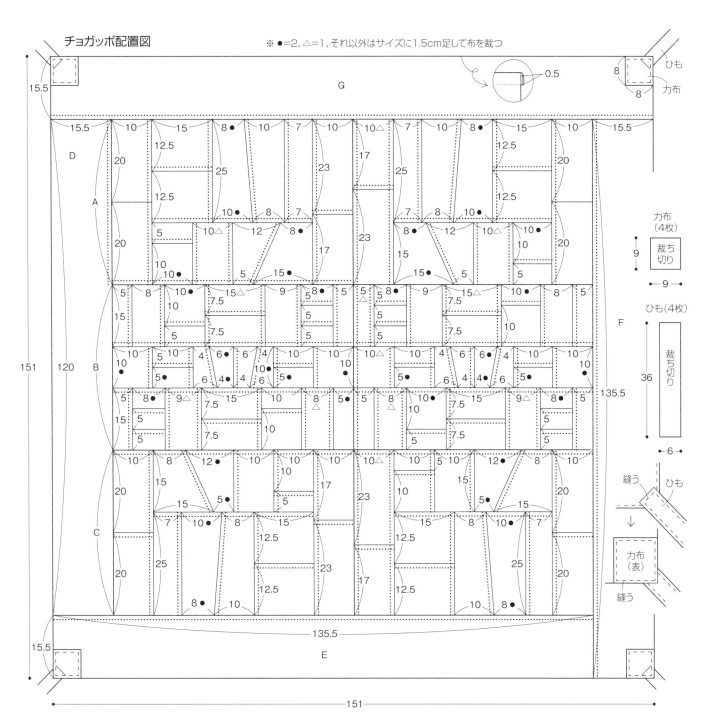

5 カフェカーテン
12ページの作品

仕立て／ホッポ（単裌）、縫い代／サムソル（縫い代をかみ合わせる方法）、基本の縫い方／ホムチル（ぐし縫い）

◆材料
本体…絹（紗）白80×45cm・絹（紗）淡い水色45×40cm、棒通し…絹（紗）淡い水色7×15cmを4枚、絹糸薄い水色適宜

◆でき上がり寸法　90×40cm

◆作り方
①図を参照し、縫い代をつけて布を裁ちます（本体外側は縫い代を1cmつける）。
②縫い代を合わせてホムチルで縫い、サムソルに仕立てます（49ページ参照）。
③本体は30×40cmを3枚作ります。
④それぞれの端を三つ折りし、ホムチルで縫います。
⑤図案を写し、花紋縫いをします（52ページ）。
⑥棒通しを縫い、三つ目サンチム（44ページ）で本体につけます。

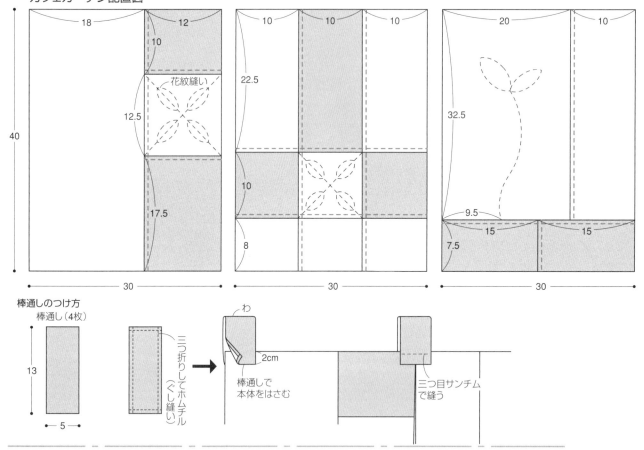

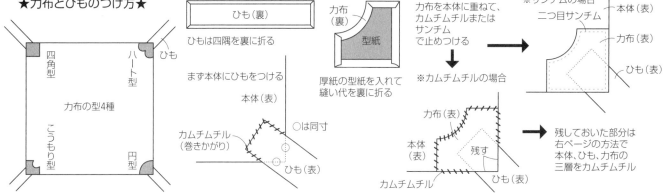

★力布とひものつけ方★

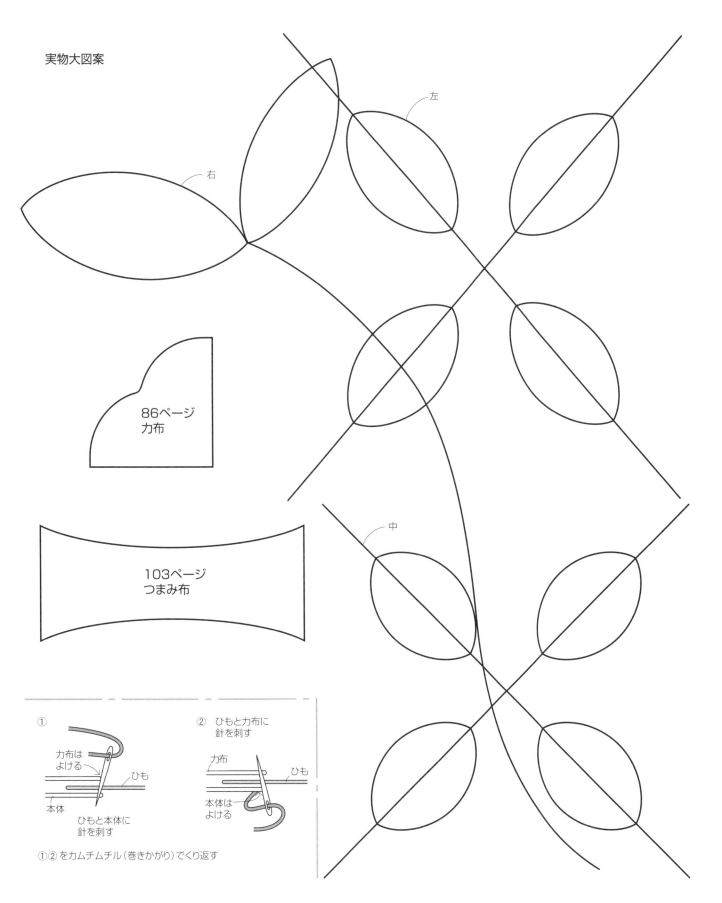

6 サガッポ（四角裌）

13ページの作品

仕立て／ホッポ（単裌）、縫い代／サムソル（縫い代をかみ合わせる方法）、基本の縫い方／カムチムチル（巻きかがり）

◆材料
苧麻青110×100cm

◆でき上がり寸法　58×58cm

◆作り方
①図を参照し、縫い代をつけて布を裁ちます。
②中心の四角aを縫います。縫い代をかみ合わせてカムチムチルで縫い、サムソルに仕立てます（47ページ参照）。
③図のように、まず中心の四角aとbを合わせ、aの半分までを表裏ともに縫い、糸をそのまま残します。
④aの縫い代をいったん広げ、cの縫い代と合わせます。同様にaの半分まで縫ってから、③で残したbを縫います。これをくり返してはぎ合わせていきます。
⑤すべての布がはぎ合わせられたら、端を始末します。三つ折りにし、カムチムチルをします。

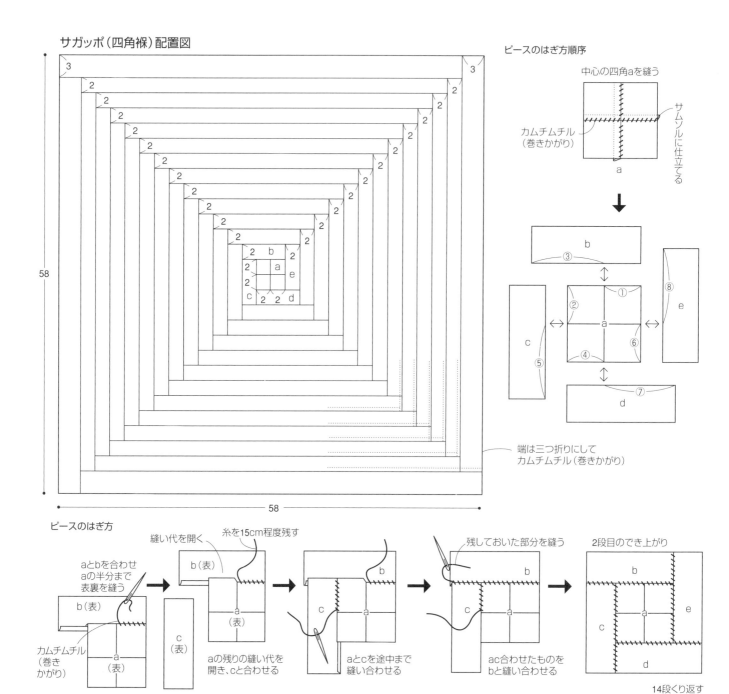

7 タペストリー
14ページの作品

仕立て／ホッポ（単褓）、縫い代／サムソル（縫い代をかみ合わせる方法）、基本の縫い方／ホムチル（ぐし縫い）

◆材料
本体…絹（紗）黄・紺・ピンク（力布を含む）、絹（スコサ）白・オレンジ・紺・濃いピンク・グレー・からし色各種適宜、ひも…絹（紗）黄6×42cmを4本、絹糸ピンク適宜

◆でき上がり寸法
35×100.5cm　ひも（1本）2×19cm

◆作り方
①図を参照し、縫い代をつけて布を裁ちます（本体外側は縫い代を1cmつける）。
②縫い代を合わせてホムチルで縫い、サムソルに仕立てます（49ページ参照）。中心から縫って各ブロックを作り、ブロックを上下左右の順につないで本体を作ります。
③端の始末は三つ折りしてホムチルで縫います。
④ひもは周囲の縫い代を裏に折ってから外表に折り山を折り、ホムチルで縫い代を押さえます。
⑤ひもを二つ折りし、力布、ひも、本体の順に重ね、ホムチルで縫いとめます。力布は本体の裏につくことになります。

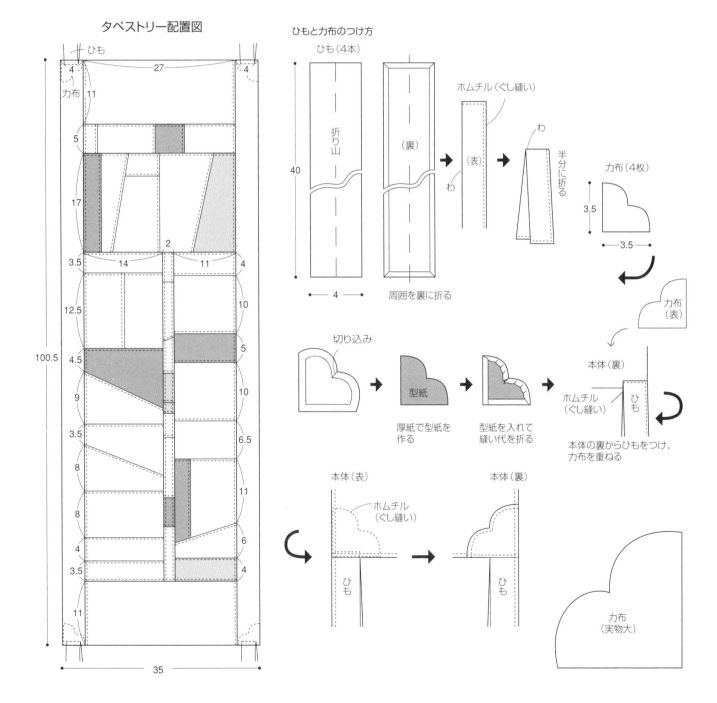

8 フェッテポ

15ページの作品

仕立て／キョッポ(裌袍)、縫い代／ホッソル(縫い代を片側に倒す方法)、基本の縫い方／ホムチル(ぐし縫い)

◆**材料**
表布(力布を含む)…絹(オクサ)オレンジ・茶・からし・黄土色各適宜、ひも…絹(オクサ)オレンジ5×50cmを2本、裏布…絹(オクサ)生成り37.5×89cm、絹糸黄土色適宜

◆**でき上がり寸法**
36.5×88cm　ひも(1本)2×24cm

◆**作り方**
①図を参照し縫い代をつけて布を裁ちます。曲線なのでところどころに合印を入れておきます。
②合印を合わせてホムチルで布をつぎ合わせ、ホッソルに仕立てます(51ページ参照)。縫い代は片側に倒して三つ目サンチム(44ページ)で押さえます。
③表布と裏布とを中表に合わせてホムチルで縫い、表に返して返し口をカムチムチルします。
④ひもを2本作り力布は縫い代を裏に折ります。
⑤本体表布の四隅に力布を重ね、間に二つ折りしたひも(上部の左右)をはさみ、三つ目サンチムで縫いとめます。

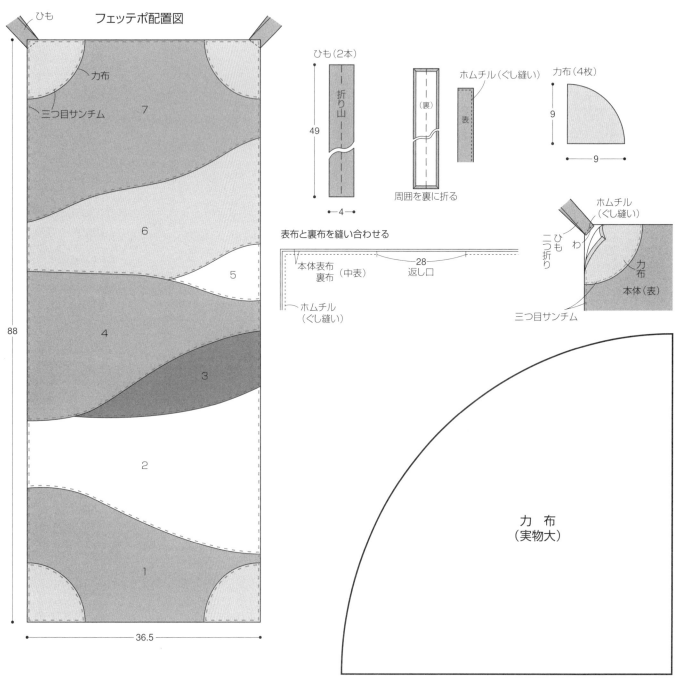

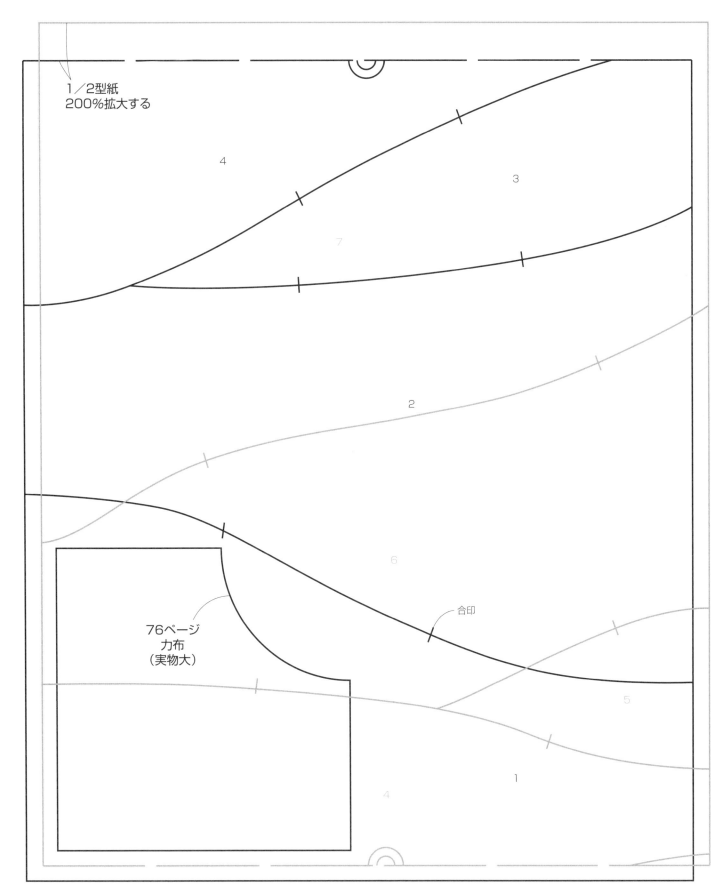

9 モシチョガッポ

16ページの作品

仕立て/ホッポ(単裸)、縫い代/サムソル(縫い代をかみ合わせる方法)、基本の縫い方/カムチムチル(巻きかがり)

◆材料
本体(力布を含む)…苧麻白90×250cm、ひも…苧麻白7×69cmを4本

◆でき上がり寸法
94×94cm　ひも(1本)5×64cm

◆作り方
①図を参照し、縫い代をつけて布を裁ちます(本体外まわりは0.8cmつける)。
②中心のブロックから縫っていきます。縫い代をかみ合わせてカムチムチルで縫い、サムソルに仕立てます(47ページ参照)。
③小さいブロックを作り、大きいブロックへと縫いつなぎ、本体を作ります。
④端は三つ折りしてカムチムチルで始末します。
⑤ひもの端も本体の端と同様に始末して4本作ります。
⑥力布とひものつけ方は70ページを参照します。ひもは力布(裏)に重ねてカムチムチルで止めつけます。

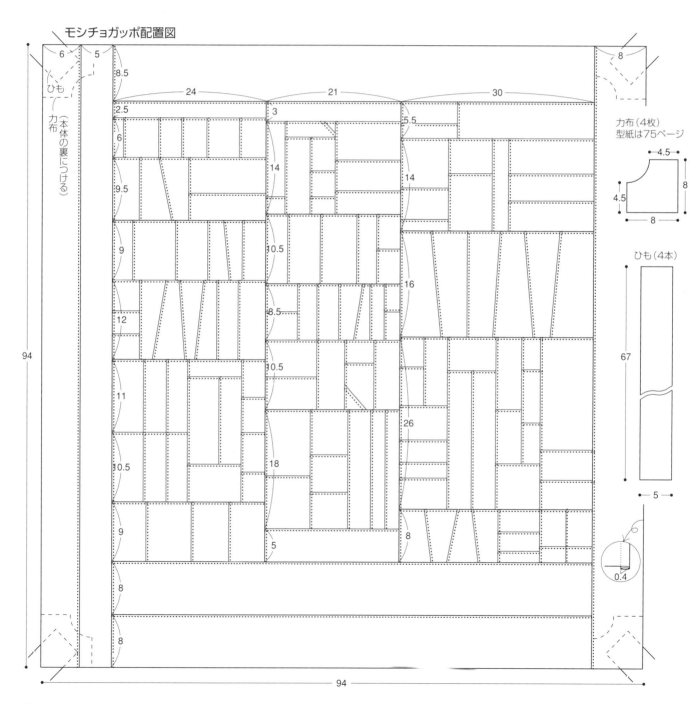

10 モシチョガッポ

17ページの作品

仕立て/ホッポ(単袴)、縫い代/サムソル(縫い代をかみ合わせる方法)、基本の縫い方/カムチムチル(巻きかがり)

◆ **材料**
本体(力布を含む)…苧麻白90×500cm、くり抜き合わせ布…苧麻生成り適宜、ひも…苧麻白6×33cmを4本

◆ **でき上がり寸法**
140×148cm　ひも(1本)4.5×30cm

◆ **作り方**
①図を参照し、縫い代をつけて布を裁ちます(本体外側は縫い代を0.8cmつける)。
②縫い代をかみ合わせてカムチムチルで縫い、サムソルに仕立てます(47ページ参照)。
③ところどころくり抜き合わせ(53ページ)を加えながら、中心のブロックから縫います。小さいブロックを作り、大きいブロックへと縫いつないで本体を作ります。
④端は三つ折りしてカムチムチルで縫います。ひもは周囲を同様に縫って4本作ります。
⑤力布とひものつけ方は70ページを参照し、本体の裏に重ねてカムチムチルでつけます。

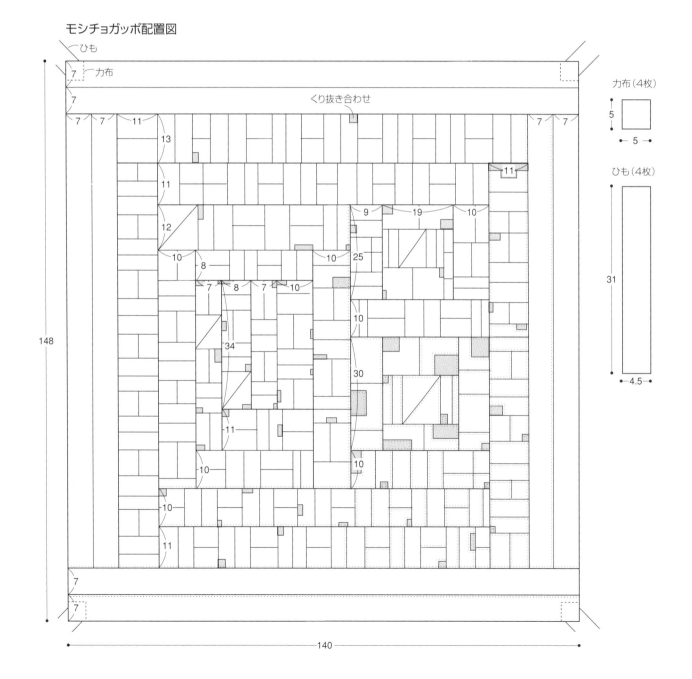

モシチョガッポ配置図

11 モシチョガッポ

18ページの作品

仕立て／ホッポ(単衲)、縫い代／サムソル(縫い代をかみ合わせる方法)、基本の縫い方／カムチムチル(巻きかがり)

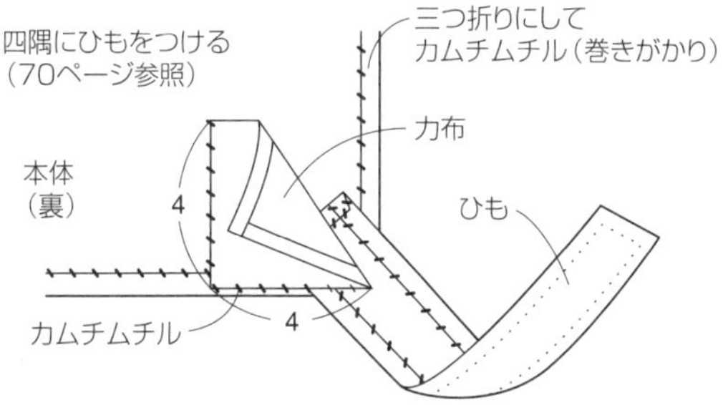

◆材料

本体…苧麻藍90×450cm、ひも…苧麻藍20×45cm

◆でき上がり寸法

152×148cm　ひも(1本)2.5×41cm

◆作り方

①四角4枚ずつをカムチムチルで縫い、サムソルに仕立てて(47ページ参照)パターンを64枚作ります。

②そのうちの32枚のパターンをくり抜き合わせ(53ページ)にします。図のようにパターン1枚につき4ヶ所の布を切り取り、切り込みを入れ、はぎ合わせる布をサムソルに仕立てます。

③①と②を交互につなぎ中央部分を作ります。

④図を参照して③の周りにボーダーをつなげていきます。すべての布がはぎ合わせられたら端の始末をします。

⑤ひもを作り本体の四隅に力布と重ねて、カムチムチルでつけます(70ページ)。

モシチョガッポ配置図

パターンを64枚作る

32枚をくり抜き合わせにする

サムソルに仕立てる

力布とひものつけ方

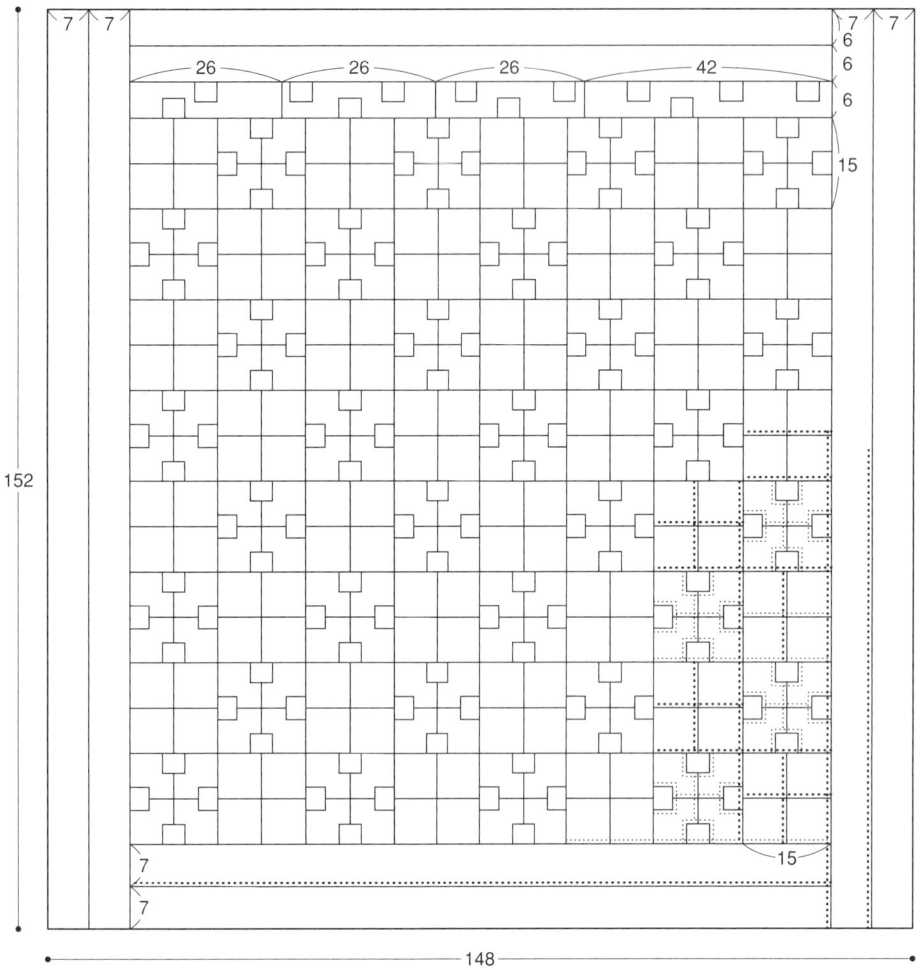

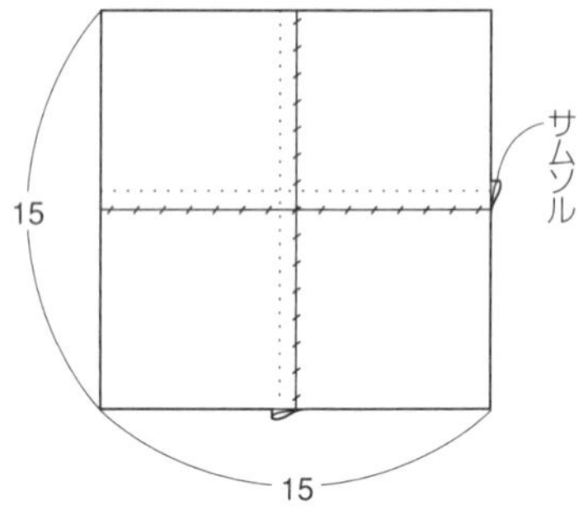

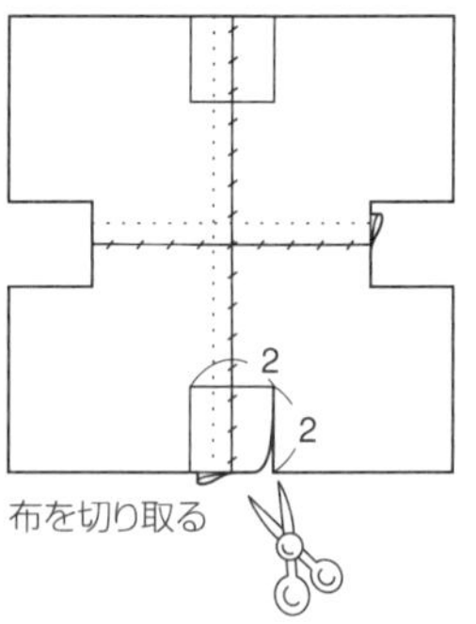

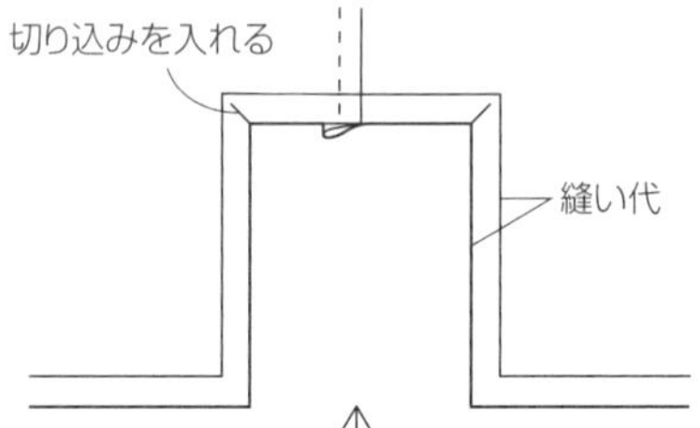

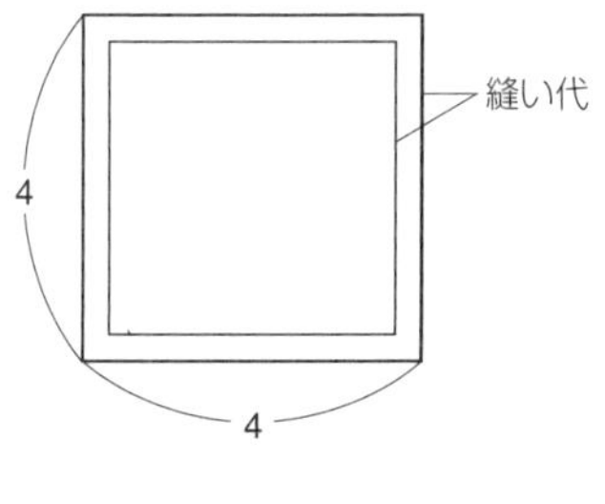

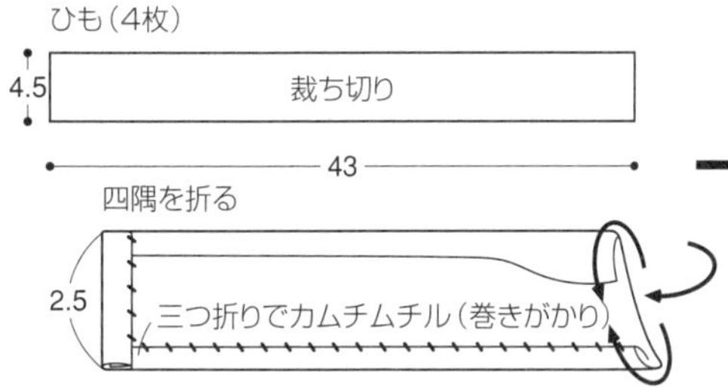

13 ミシン縫いのサンポ
21ページの作品

仕立て／ホッポ（単褓）、縫い代／サスソル（縫い代をかみ合わせる方法）、基本の縫い方／ミシンのホムチル（ぐし縫い）

◆**材料**
表布…苧麻濃い藍32×30cm・明るいブルー20×25cm・薄い藍32×20cm・中間藍（つまみ布を含む）32×45cm、こうもり…余り布を使用

◆**でき上がり寸法** 43×43cm

◆**作り方**
①図を参照し縫い代をつけて布を裁ちます。
②つまみ縫いをし、中央からミシンで縫いつないでいきます。サムソルに仕立てます（縫い方は62ページ参照）。
③②の周囲に4枚の布を順番に縫い合わせます。
④端を三つ折りして始末します。
⑤こうもり5個（作り方は55ページ参照）、つまみ布を作り、縫いとめます。

サンポ配置図

●＝縫い代2、△＝1 それ以外はすべて縫い代1.5cm足して布を裁つ

つまみ布 裁ち切り 27 ←3→

＜つまみ縫い＞
62ページを参照してミシンで縫う
ヘラで折り山を作る
0.7
表布（表）
手で縫う場合

＜つまみ布の作り方＞
0.5 折る → 1ミシンst. 1 → 通す わ 結ぶ → 形を整える

14 イョイチュムンポ（如意珠紋褓）

22ページの作品

仕立て／キョッポ(袱褓)、基本の縫い方／カムチムチル（巻きかがり）、サンチム（返し縫い）

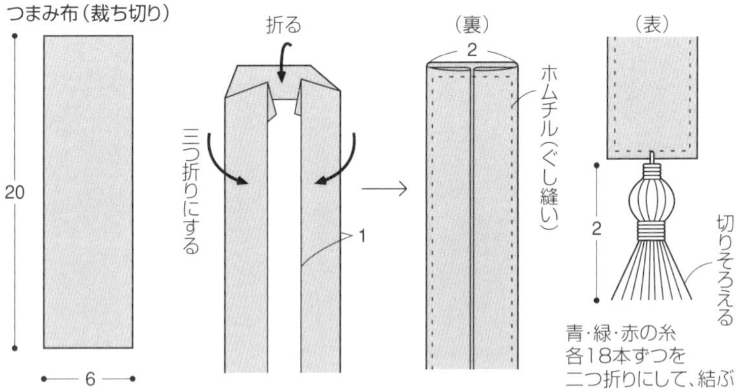

◆**材料**
表布…絹（紗）ピンク・黄色各20×50cm・紫35×35cm・白35×50cm（こうもり含む）、絹織り地紺30×30cm（配色布）、土台布…絹白54×54cm、つまみ布…絹（紬）ピンク6×20cm、糸飾り2個、絹糸赤適宜（サンチム用）

◆**でき上がり寸法**
40×40cm

◆**作り方**
① 縫い代をつけ14cm角の布を16枚裁ちます。
② 如意珠紋を作り（54ページ参照）、図を参照してパターンをつなげて中央部分を作ります。
③ 土台布の裏の中央に②を表にして置き、しつけでとめます。土台布の端を折り、②の端にかぶさるようにしつけをします。表から三つ目サンチム（44ページ）で押さえます。
④ こうもり（55ページ）を作り、パターンの中心につけます。
⑤ つまみ布を作って図のように二つ折りにして中央に置き、こうもりと一緒に縫いつけます。

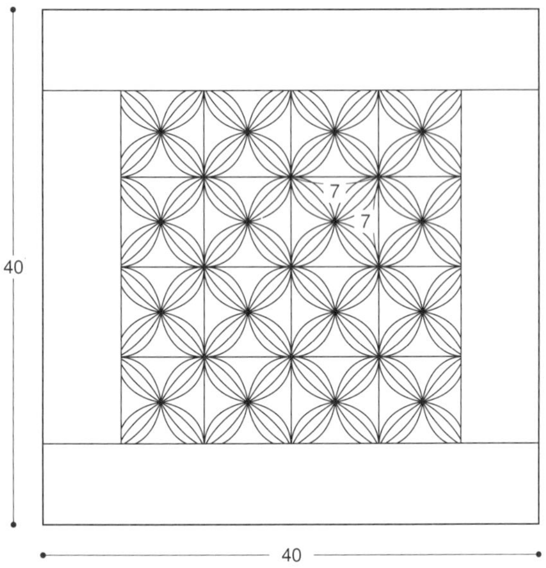

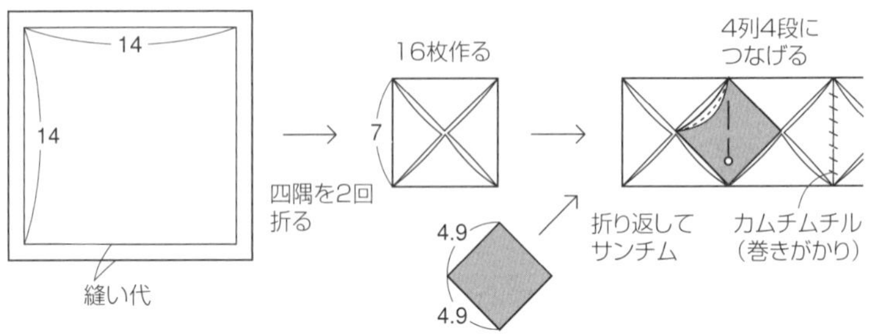

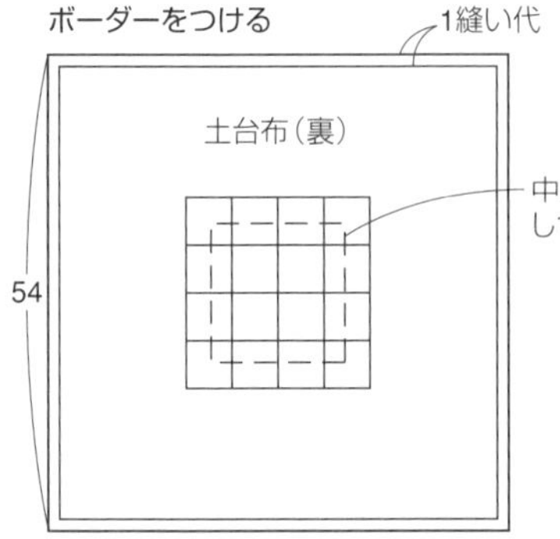

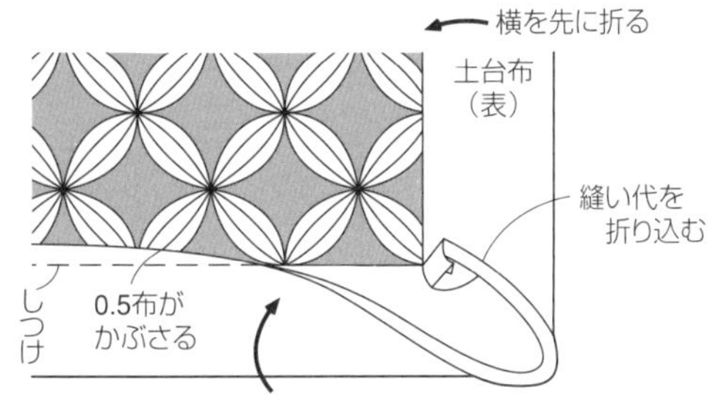

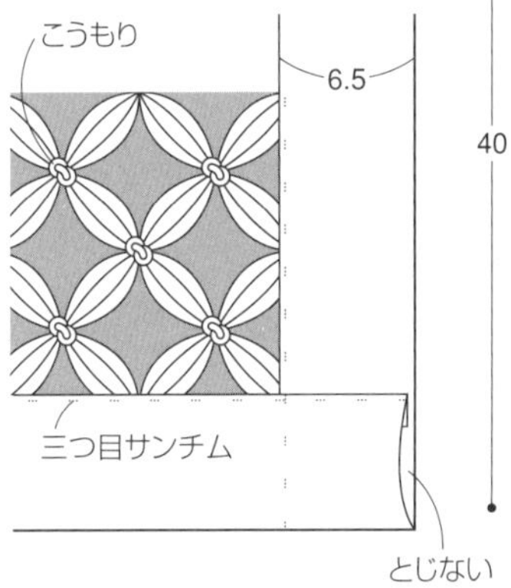

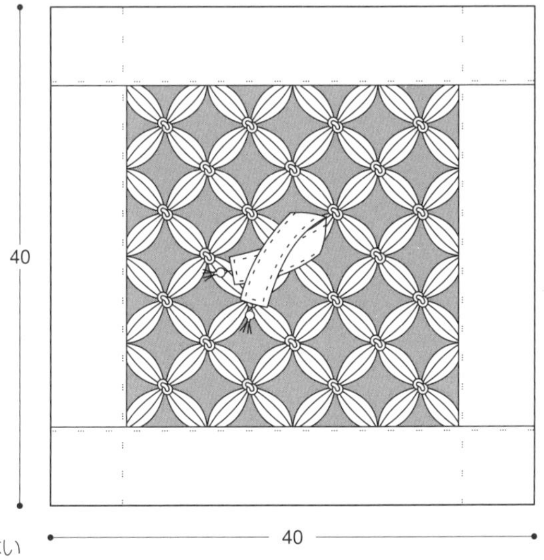

15 スゥ チョガッポ（繍裸）

23ページの作品

仕立て／キョッポ（袷褓）、縫い代／カルムソル（縫い代を割る方法）、基本の縫い方／ホムチル（ぐし縫い）

◆材料
表布…絹織り地白30×50cm・絹（紗・刺しゅう入り）白8×9cm・絹（紗）濃紫15×25cm・絹（紗・刺しゅう入り）濃紫30×15cm、裏布…絹（紗）薄紫35×35cm、絹糸紫適宜（サンチム用）

◆でき上がり寸法　32×32cm

◆作り方
①図を参照し、縫い代をつけて布を裁ちます。
②中心のピースからはぎ合わせていきます。縫い線を合わせてホムチルで縫い、カルムソルに仕立てます（46ページ参照）。すべての布をはぎ合わせて表布を作ります。
③②と裏布を中表に合わせて、返し口を残し周りをホムチルします。表に返して口を閉じます。
④2cm角の布の縫い代を裏側に折り、③の四隅に三つ目サンチム（44ページ）で押さえます。
⑤図のように3枚のピースの際を三つ目サンチムで押さえます。

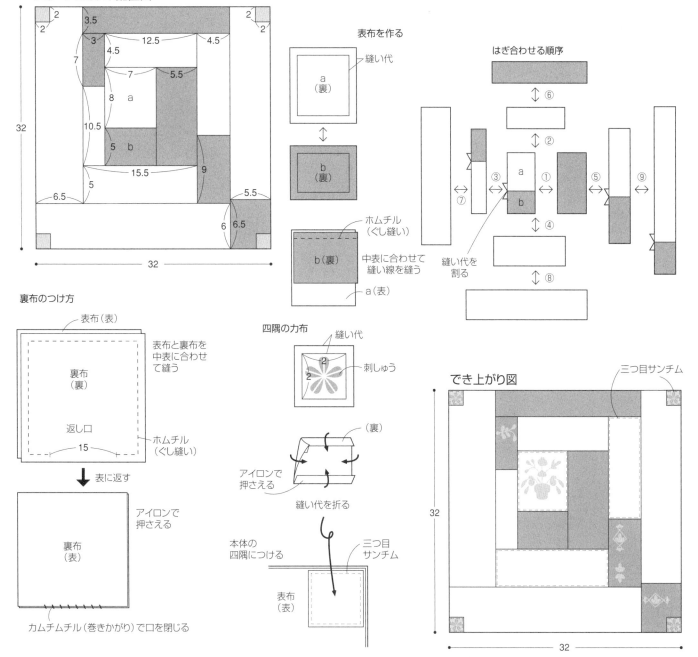

16 テーブルセンター

24ページの作品

仕立て／ホッポ(単褓)、縫い代／サムソル(縫い代をかみ合わせる方法)、基本の縫い方／カムチムチル(巻きかがり)

◆材料
本体…麻柿渋染め40×100cm・芭蕉布15×40cm、バイアス布…麻柿渋染め1.5×220cm・芭蕉布1.5×1.5cm

◆でき上がり寸法
37.6×53.1cm

◆作り方
①図を参照し、縫い代をつけて布を裁ちます。
②縫い代をかみ合わせてカムチムチルで縫い、サムソルに仕立てます(47ページ参照)。
③A〜Fの各ブロックを縫ってから、ブロックをまとめて本体を作ります。
④すべての布がはぎ合わせられたら、麻の間に芭蕉布をはさみ、バイアステープを作ります。本体の周囲をくるんでパイピングします。

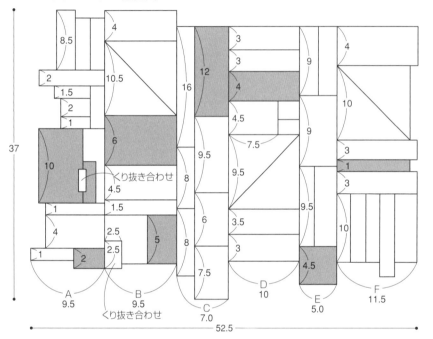

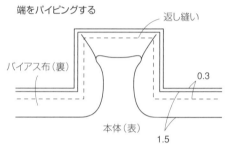

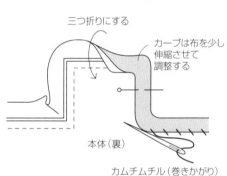

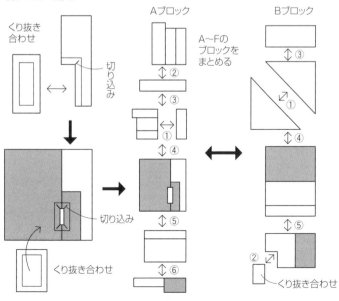

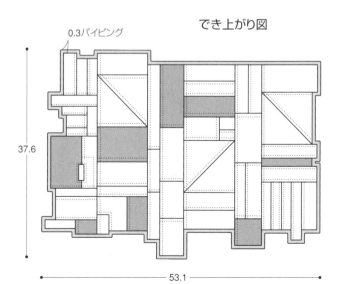

17 コースター

24ページの作品

仕立て／ソムポ(襦袢)、縫い代／カルムソル(縫い代を割る方法)、基本の縫い方／カムチムチル(巻きかがり)

◆材料(1枚分)
表布…麻薄茶17×20cm(裏布含む)・麻こげ茶12×7cm・黄色9×7cm、キルト綿10×15cm、麻糸オレンジ適宜

◆でき上がり寸法
10×15cm

◆作り方
①図を参照し、縫い代をつけて布を裁ちます。
②表布を作ります。縫い代を折ってカムチムチルで縫い、カルムソルに仕立てます(45ページ参照)。
③裏布の上に表布より0.2cm小さいキルト綿を重ね、その上に表布を重ねてしつけをかけます。周りの縫い代を内側に折り、カムチムチルで縫い合わせます。
④配色を変えて好みの枚数を作ります。

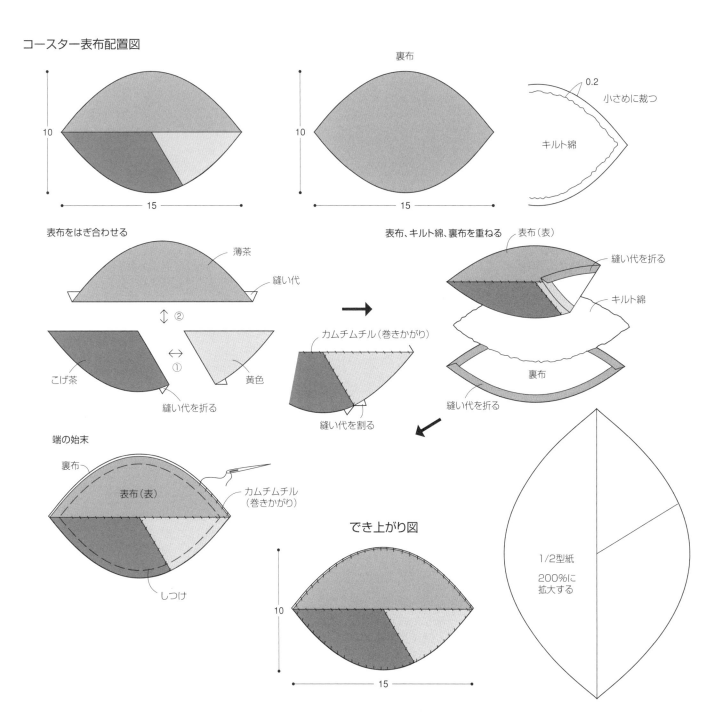

18 オッポ
25ページの作品

仕立て／ホッポ（単裕）、縫い代／サムソル（縫い代をかみ合わせる方法）、基本の縫い方／カムチムチル（巻きかがり）

◆材料
麻柿渋染め90×150cm（力布・ひも含む）

◆でき上がり寸法
76×76cm　ひも（1本）3.5×36cm

◆作り方
①図を参照し、縫い代をつけて布を裁ちます。
②中心のブロックから縫っていきます。縫い代をかみ合わせてカムチムチルで縫い、サムソルに仕立てます（47ページ参照）。
③すべての布をはぎ合わせられたら、端の始末をします（くり抜き合わせは53ページ参照）。
④ひもは、端を三つ折りにしてカムチムチルで縫います。③の四隅にカムチムチルで縫いつけます。
⑤力布の縫い代を折って④の上に置き、しつけをかけてカムチムチルで縫いつけます（力布とひものつけ方は70ページを参照）。

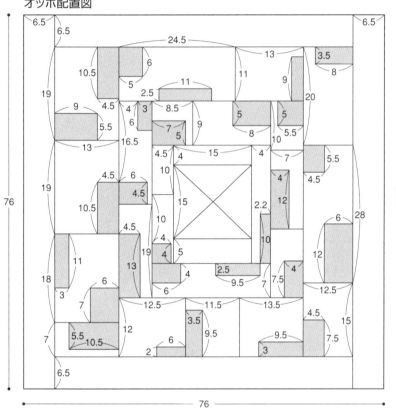

オッポ配置図

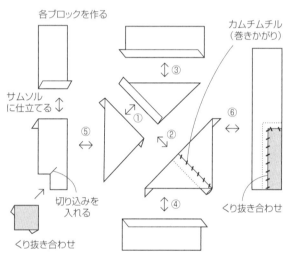

中心のピースから縫い始める

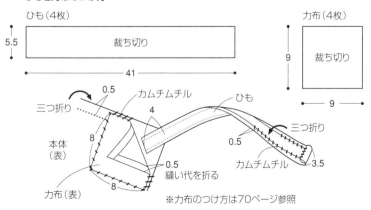

ひもと力布のつけ方

※力布のつけ方は70ページ参照

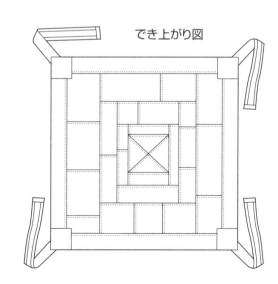

でき上がり図

19 テーブルクロス
26ページの作品

仕立て／ホッポ（単裱）、縫い代／サムソル（縫い代をかみ合わせる方法）、基本の縫い方／カムチムチル（巻きかがり）

◆材料
家紋入り麻の古布水色60×100cm・白35×80cm・黒60×35cm（力布含む）

◆でき上がり寸法
63×88cm

◆作り方
①図を参照し、縫い代をつけて布を裁ちます。
②小さなブロックから縫っていきます。縫い代をかみ合わせてカムチムチルで縫い、サムソルに仕立てます（47ページ参照）。
③すべての布をはぎ合わせたら、端の始末をします。
④力布の縫い代を裏側に折り、本体の四隅の上に置いてしつけをかけ、カムチムチルで縫い合わせます。

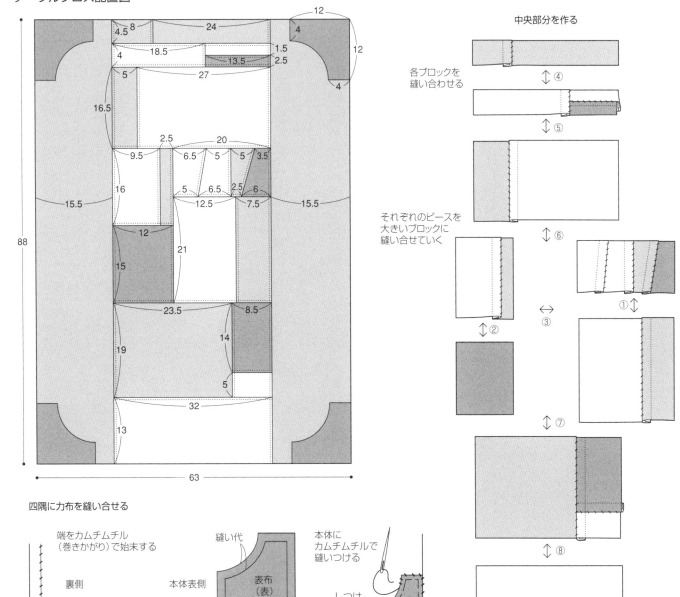

20 テーブルセンター
27ページの作品

仕立て／ホッポ（単裸）、縫い代／サムソル（縫い代をかみ合わせる方法）、基本の縫い方／ホムチル（ぐし縫い）

◆材料
本体（力布を含む）…絹（紗織り地）濃淡ピンク3種で50×70cm、パーツ4個

◆でき上がり寸法
33×44cm

◆作り方
①図を参照し、縫い代をつけて布を裁ちます。
②各ブロックを作ってからまとめていきます。縫い代を合わせてホムチルで縫い、サムソルに仕立てます（49ページ参照）。
③図を参照してブロックを作り、すべての布をはぎ合わせたら、端を始末します。
④本体の四隅にハート型の力布を表側と裏側にカムチムチルでつけます。
⑤力布の先端にパーツをつけます。

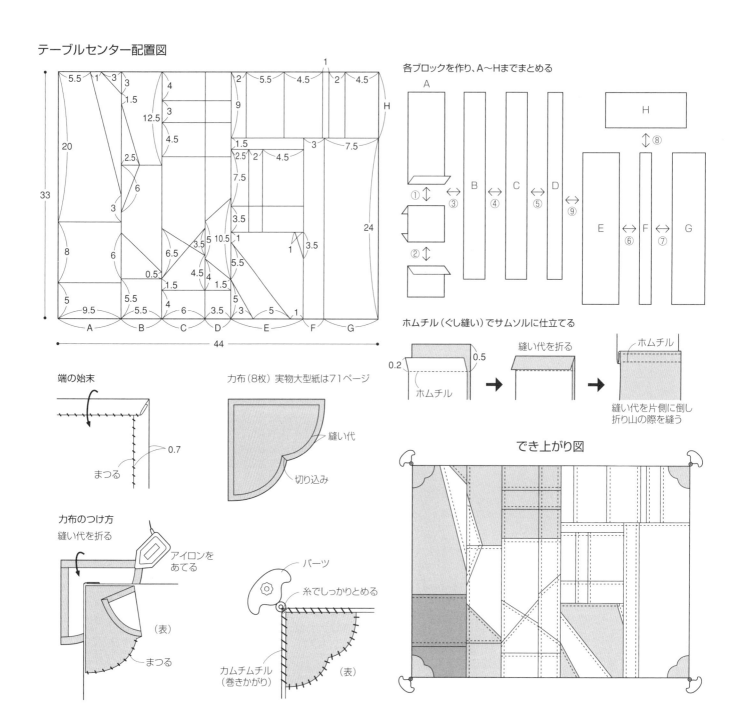

21 テーブルライナー
28ページの作品

仕立て／ホッポ（単裌）、基本の縫い方／カムチムチル（巻きかがり）、サンチム（返し縫い）

◆**材料**
絹（紗）クリーム色90×90cm、絹（紗）黄色45×90cm（こうもり含む）

◆**でき上がり寸法** 20×120cm

◆**作り方**
①40cm角に縫い代をつけた布を2枚と、20cm角に縫い代をつけた布を2色で計16枚裁ちます。
②如意珠紋のパターンを作ります。縫い代を折り、中心点に向かって四隅の角を折ります。この時に折り畳んであいている所を奥まつりで縫い合わせます（詳しくは54ページ参照）。パターンを浮き立たせるため、配色布はつけないデザインです。
③図を参照してすべてのパターンをつなげていきます。
④こうもり（55ページ）を27個作り、本体につけます。

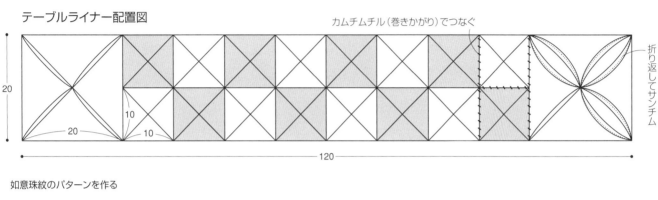

如意珠紋のパターンを作る

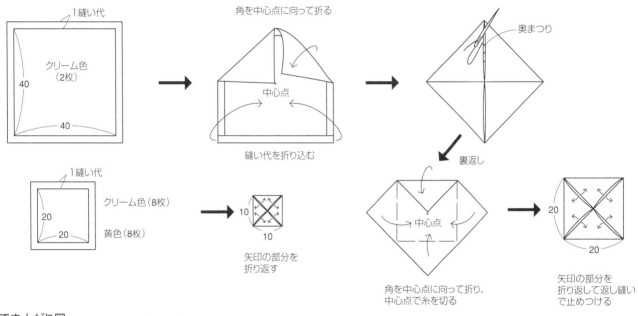

でき上がり図

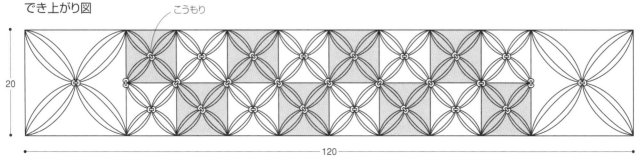

22 テーブルライナー・お膳掛け
29ページの作品

仕立て／ホッポ（単袷）、縫い代／サムソル（縫い代をかみ合わせる方法）、基本の縫い方／ホムチル（ぐし縫い）

お膳掛け◆材料
本体（つまみ布・力布を含む）…絹各色適宜
◆でき上がり寸法　30×30cm
◆作り方
①図を参照し縫い代をつけて布を裁ち、中央部分から縫い合わせます。
②表布の周囲を三つ折りにし、力布を本体の四隅にホムチル（ぐし縫い）で縫いつけます。
③つまみ布を作り本体中心に置き、パクチ（こうもり）を上から縫い止めます。

テーブルライナー◆材料
本体…絹（ノバン）青紫・紫色・青色・ピンク・白・絹（ハンナ）玉色・ピンク各適宜
◆でき上がり寸法　21.5×114cm
◆作り方
①図を参照し縫い代をつけて布を裁ち、中央部分から縫い合わせます。
②表布の周囲を三つ折りにしてホムチル（ぐし縫い）します。

お膳掛け配置図　　●=1.5、△=1　それ以外はサイズに2cm足して布を裁つ

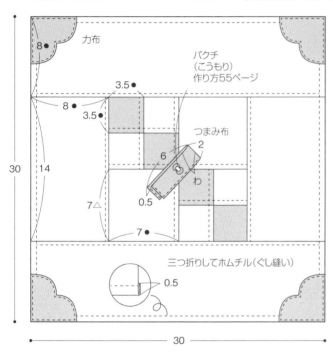

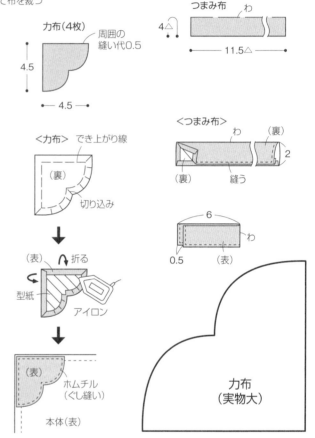

※すべてサムソルをホムチルで仕立てる

テーブルライナー配置図　　●=1.5、△=1　それ以外はサイズに2cm足して布を裁つ

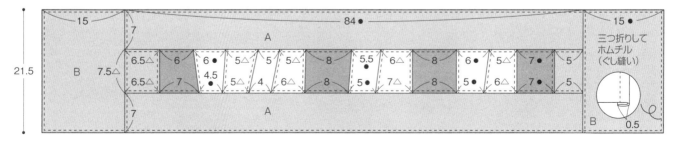

※すべてサムソルをホムチルで仕立てる

23 コチムンポ（鋸歯紋褓）

30ページの作品

仕立て／キョッポ（袷褓）、縫い代／カルムソル（縫い代を割る方法）、基本の縫い方／ホムチル（ぐし縫い）

◆**材料**
表布…絹（スコサ）茶40×40cm（力布、ループを含む）・絹（ミョンジュ）若草色40×40cm、裏布、ひも…絹（ミョンジュ）金茶40×60cm、コチムン…絹（ミョンジュ）紫・ピンク・水色・赤・白各適宜、絹糸オレンジ適宜（サンチム用）

◆**でき上がり寸法** 35×35cm

◆**作り方**
①図を参照し、縫い代をつけて布を裁ちます。
②表布2枚ずつをホムチルで縫い、さらにそれを縫い合わせて表布を作ります。カルムソルに仕立てます（46ページ参照）。
③表布と裏布を中表に合わせ、ループをはさんで、返し口を残して周りをホムチルで縫います。表に返して口を閉じます。
④5色の布を四つに折り、5枚をずらして重ね、中央をとめてコチムン（鋸歯紋）を作ります。
⑤ひもを作ります。本体の四隅にひもとコチムンを置き、力布を重ねてしつけをかけます。周りを三つ目サンチム（44ページ）で押さえます。

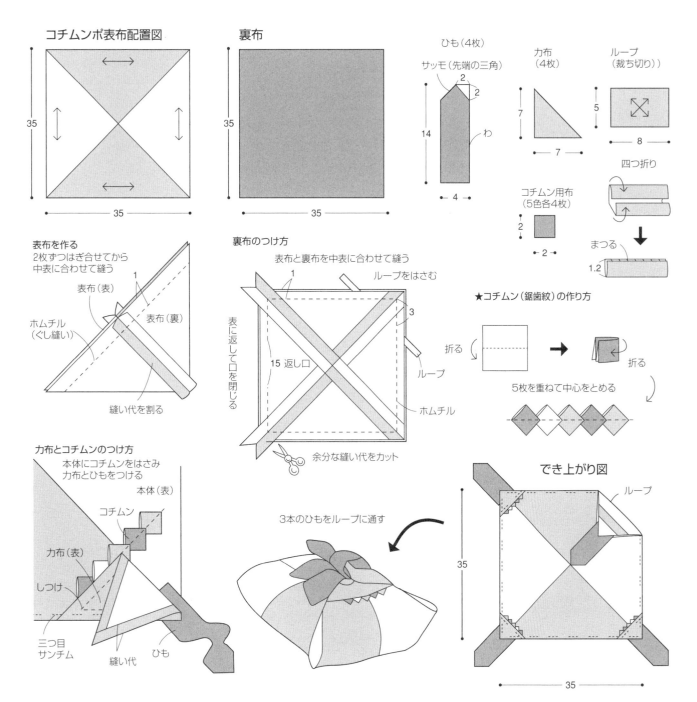

24 ノリケポ
31ページの作品

仕立て/キョッポ(袷裌)、縫い代/カルムソル(縫い代を割る方法)、基本の縫い方/カムチムチル(巻きかがり)

◆材料
表布(ひもを含む)…厚絹黄色35×55cm(裏布、ひも通しを含む)・厚絹の白・赤・紫・青各20×25cm、絹糸赤・黄色各適宜

◆でき上がり寸法　30×30cm　ひも32cm

◆作り方
①図を参照し、縫い代をつけて布を裁ちます。
②縫い代を折って、カムチムチルで縫い、カルムソルに仕立て(45ページ参照)表布を作ります。
③表布と裏布を中表に合わせて、ひもつけ位置と返し口を残し周りをホムチルしてから表に返し、返し口を奥たてまつりで閉じます。
④2.5cm幅の布を四つ折りにしてひもを6本作ります。図を参照してキロキメトップを作り、カムチムチルではぎ合わせます。これをはさんだ長いひもを作ります。
⑤本体にひもをはさみ二つ目サンチム(44ページ)で押さえます。
⑥ひも通しを作り、本体につけて二つ目サンチムで周りを押さえます。

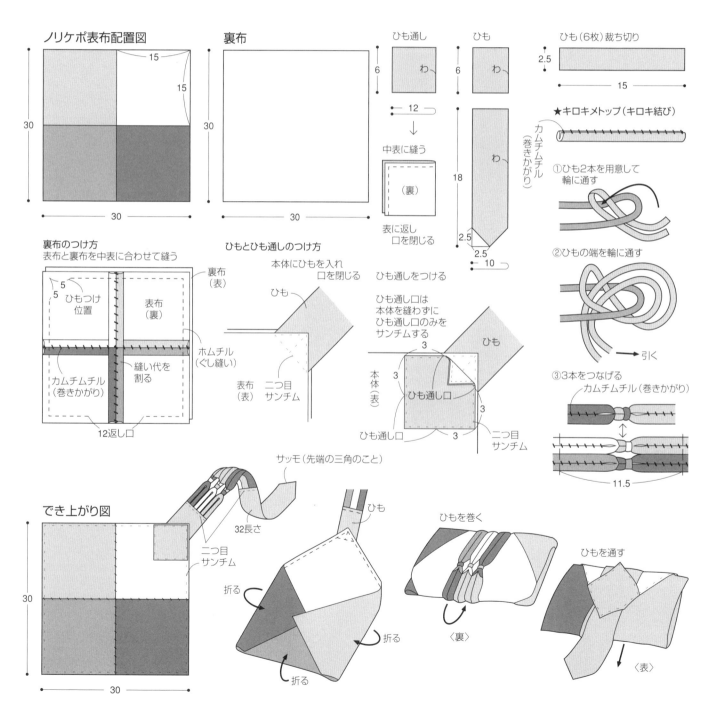

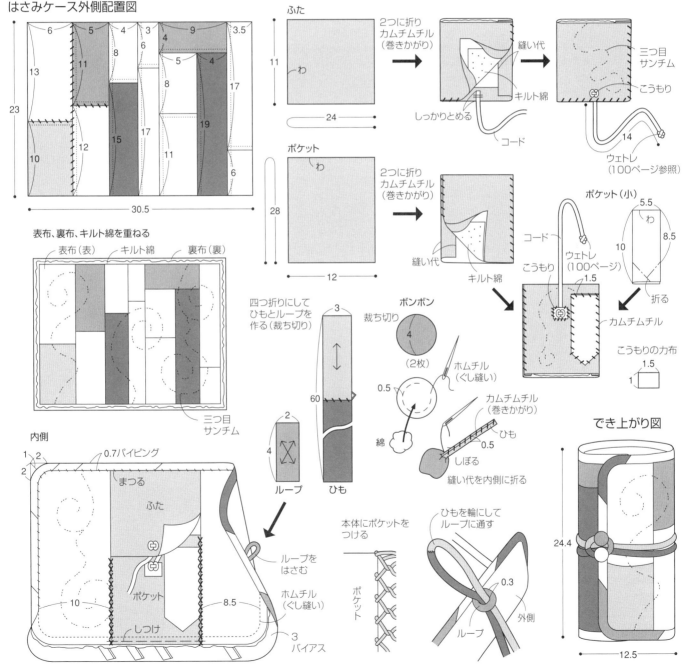

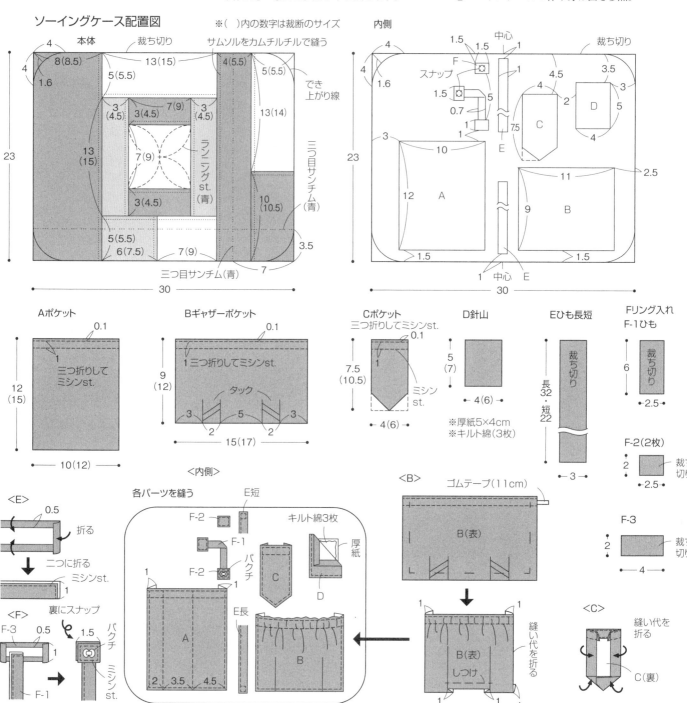

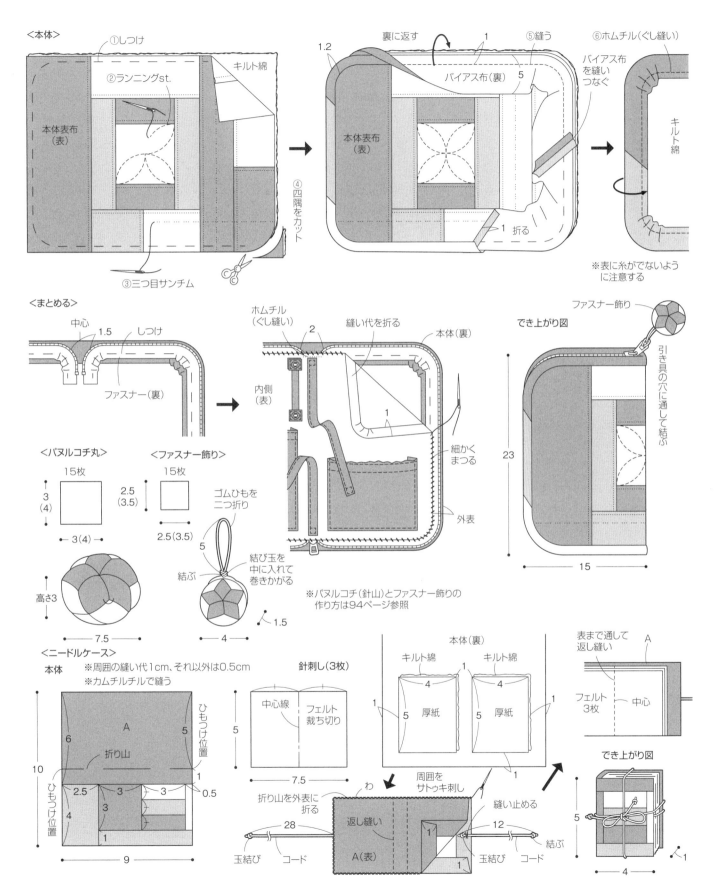

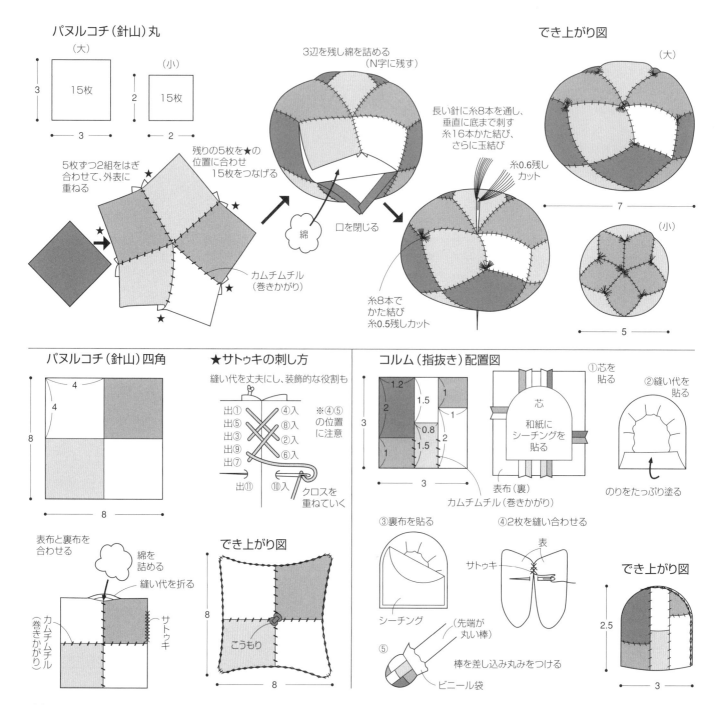

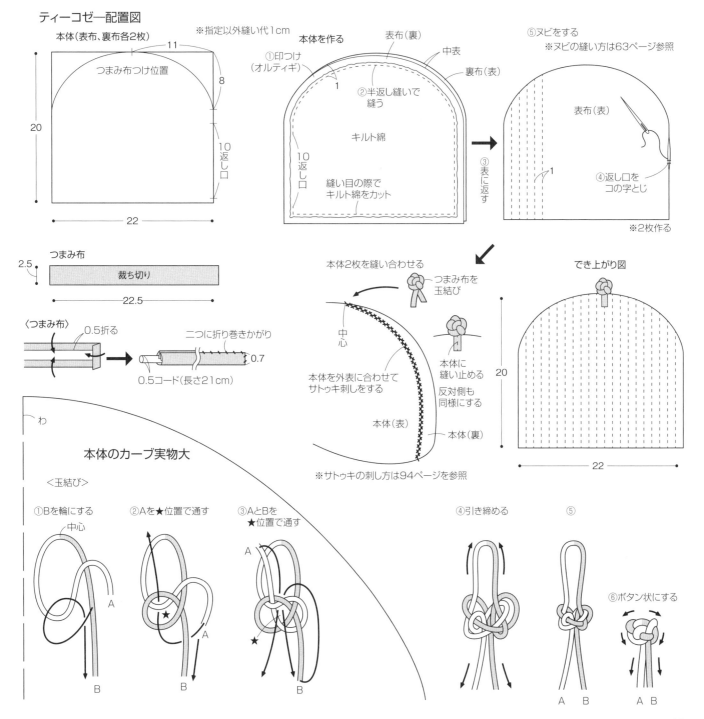

29 セックサヌビの針山・ホソンホンポ
35ページの作品

仕立て／ソムポ（襦裸）、基本の縫い方／セックサヌビ

ポソンポンポ ◆材料 本体…木綿白20×20cm、当て布・裏布各15×15cm、バイアス布…緑綿2.5×60cm、ループ・ボタン…濃ピンク布5×20cm コード(細)・絹糸各適宜

◆でき上がり寸法 8×8cm

◆作り方
①図案を写し、セックサヌビをします。(64ページ参照)
②裏布を重ねて周囲をパイピングします。
③対角の角を重ねて縫いとめます。
④ループとボタンをつけます。

針山 ◆材料 本体…木綿白30×15cm、当て布30×15cm、バイアス布…白木綿2.5×70cm、コード(細)・詰め綿・絹糸各色各適宜

◆でき上がり寸法 直径8cm×高さ4cm

◆作り方
①図案を写し、セックサヌビをします。(64ページ参照)
②周囲をパイピングします。2枚作ります。
③2枚を外表に合わせて周囲をサトウギ刺しで仕立てて形にします。途中綿を詰めます。上と下に房を作ります。

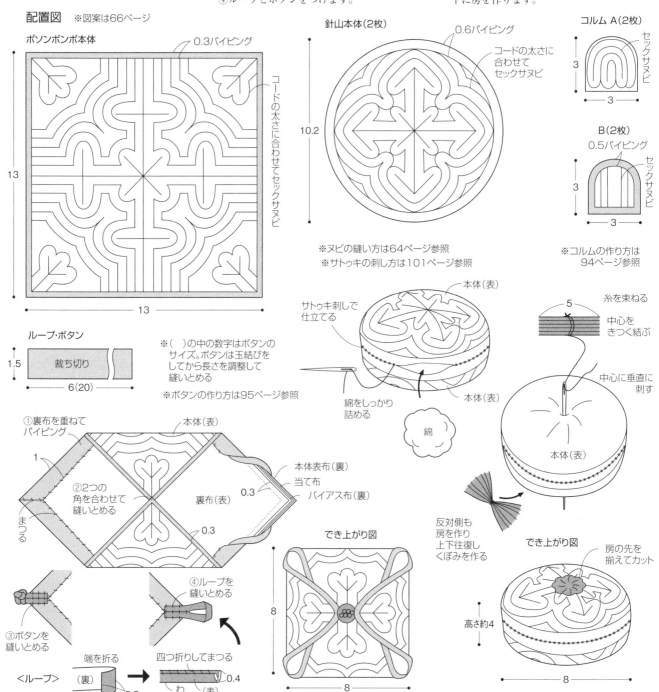

30 トシ
36ページの作品

仕立て／ソムポ（襦袢）、縫い代／カルムソル（縫い代を割る方法）、基本の縫い方／カムチルチル（巻きかがり）、ヌビ

◆材料（1点）
表布・裏布…絹（ジャガード織）薄灰30×25cm・赤15×15cm・絹（無地）濃灰20×15cm、キルト綿30×20cm

◆でき上がり寸法　16×13.5cm

◆作り方
①図を参照に縫い代をつけて布を裁ちます。
②3枚の布をカムチムチル（巻きかがり）で縫い合わせカルムソルに仕立てます。型紙を当てて周囲に縫い代1cmをつけてカットします。
③半分にキルト綿を重ねてヌビをします（63ページ参照）。
④中表に二つに折り、山形を★から★まで縫います。切り込みを入れ余分のキルトをカットします。
⑤◎印から筒状の半分に折り★を合わせます。
⑥印まで4枚一緒に縫い、返し口のBを残して3枚一緒に縫います。
⑦表に返して、返し口をまつりもう一度表に返します。

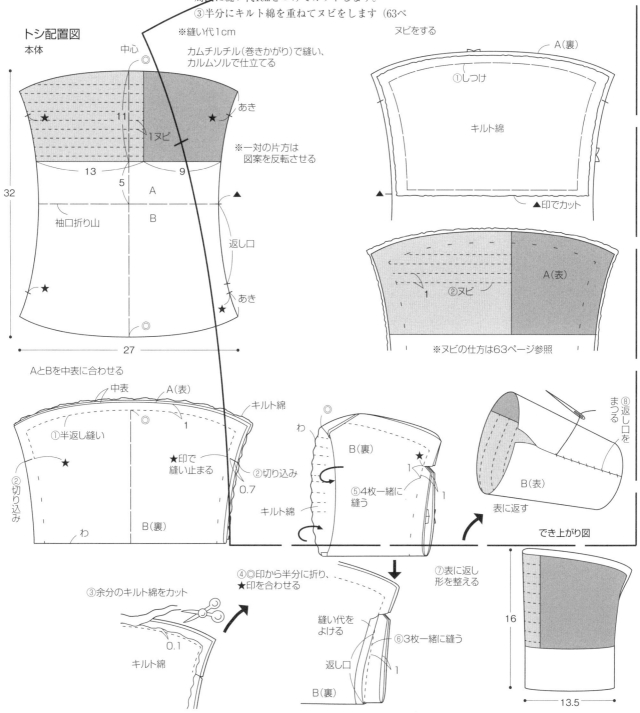

31 ペンダントトップ・ブローチ
37ページの作品

基本の縫い方／カムチムチル（巻きかがり）

◆材料(1個分)
ブローチ：表布…藍の端切れ適宜、厚紙・キルト綿・各種ひも適宜、ブローチピン1個
ペンダントトップ：各種ひも・ワイヤー・ウッドパーツ適宜

◆でき上がり寸法　ブローチA：4.5×6cm B：4×4.5cm、ペンダントトップ：2×3.5×1cm

◆作り方(ブローチ)
①好みの大きさの厚紙にキルト綿を貼り表布で包んで貼ります。Aは表側と後ろ側を作ります。
②メドップを作り長さを揃えて①の裏に貼ります。
③表側と後ろ側を外表に合わせて周囲を巻きかがります。Bは1枚布をぐるっと巻いて巻きかがります。
④後ろ側にブローチピンをつけます。

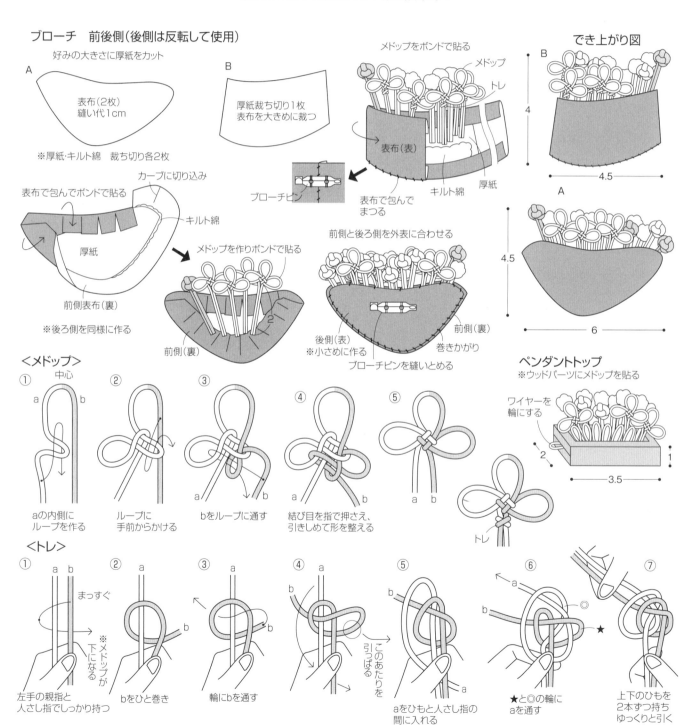

32 バッグ
38ページの作品

仕立て／キョッポ（袷褓）、縫い代／カルムソル（縫い代を割る方法）、基本の縫い方／カムチムチル（巻きかがり）

◆材料
表布…絹（ミョンジュ）赤・ピンク・朱・紫・黄・グリーン各適宜、中袋85×50cm幅2cm持ち手テープ150cm、直径3.5cmくるみボタン1個、接着芯・底板用厚紙各適宜

◆でき上がり寸法　40×32×8cm

◆作り方
①図を参照し、布を裁ちます。
②縫い代を折ってカムチルチルで縫い、カルムソルに仕立てます（45ページ参照）。
③本体2枚を外表に合わせてカムチルチルで縫います。
④中袋を作り、本体と合わせます。
⑤持ち手テープを袋口に通し、端をまちのテープ差し込み口に差し込みます。
⑥まちを作り、くるみボタンを縫いとめます。

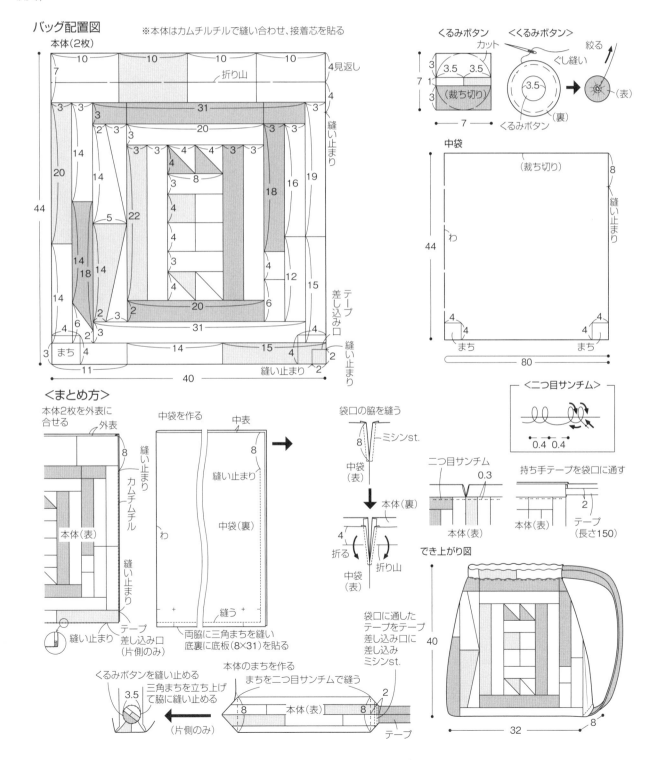

34 チュモニ（巾着）

39ページの作品

仕立て／キョッポ（袷褄）、縫い代／サムソル（縫い代をかみ合わせる方法）、基本の縫い方／ホムチル（ぐし縫い）

◆材料
表布…絹（オクサ）ピンク22×17cm・黄色26×17cm、裏布…絹（オクサ）白44×17cm、直径0.1cmコード120cm、直径1cmビーズ2個

◆でき上がり寸法　図を参照

◆作り方
①図を参照し、縫い代をつけて布を裁ちます。
②縫い代を合わせホムチルで縫い、サムソル仕立て（49ページ参照）で表布を作ります。
③表布と裏布2組ずつをそれぞれ中表に合わせ、袋口を縫います。
④③2組を中表に合わせて底を縫います。
⑤さらに二つ折りにして、ひも通し口（表布のみ）と返し口を残し、周りを縫います。
⑥縫い代を内側に倒しアイロンを当てます。裏布を表に返し、返し口を奥まつりで閉じてから表布を表に返します。
⑦ひも通しを二つ目サンチム（44ページ）で作ります。コード2本を交差させるように入れて結び、ビーズを通し、また結びます。

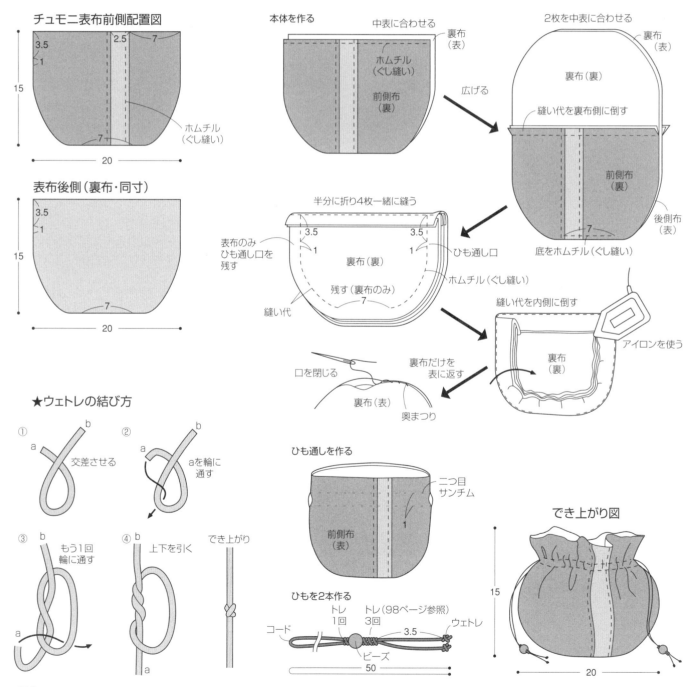

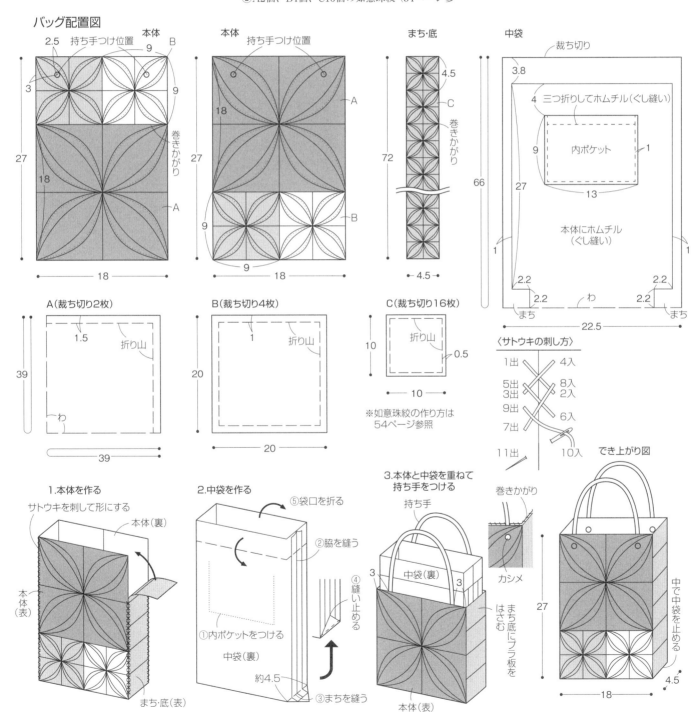

36 チュモニ・ラリエット
41ページの作品

仕立て／キョッポ（袷裸）、縫い代／サムソル（縫い代をかみ合わせる方法）、基本の縫い方／カムチムチル（巻きかがり）

チュモニ◆材料
本体…絹（オクサ）薄紫30×80cm（中袋を含む）・薄ピンク40×60cm、ひも64cm、ビーズ適宜

◆でき上がり寸法　高さ20.2×8×8cm

◆作り方
① 図を参照に布を裁ちます。
② AにBを重ねた如意珠紋を5個作ります（54ページ参照）。
③ 5個を巻きかがり、箱形に仕立てます。
④ 中袋の脇を縫い、まちを縫い、袋口を折り返します。ひも通しを縫います。
⑤ 本体に中袋を入れてまつります。
⑥ 底にビーズをつけます。
⑦ ひも2本を引き違いに通して結び、ひも先飾りを作ります。

※ラリエットはひも先飾りと同じようにして作り、好みの長さのひもにつける。

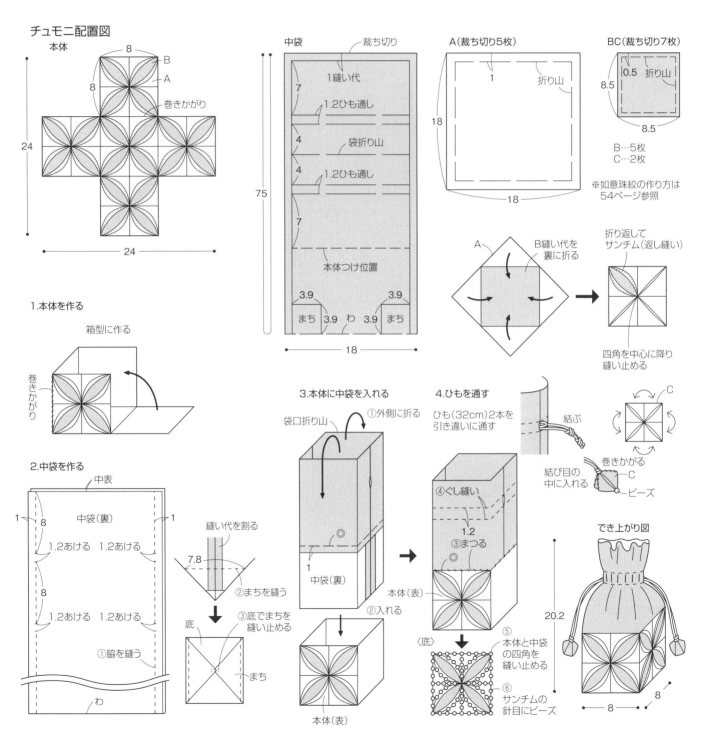

37 タクァポ（茶菓褓）

42ページの作品

仕立て／ホッポ（単褓）、縫い代／サムソル（縫い代を割る方法）、基本の縫い方／カムチムチル（巻きかがり）

◆ **材料**
苧麻薄ピンク75×50cm・青・ピンク各20×20cm・白・薄茶15×20cm（つまみ布、こうもりを含む）

◆ **でき上がり寸法**
40×40cm

◆ **作り方**
①図を参照し、縫い代をつけて布を裁ちます。
②中心のブロックから縫っていきます。縫い代をかみ合わせてカムチムチルで縫い、サムソルに仕立てます（47ページ参照）。
③すべての布がはぎ合わせられたら、端の始末をします。
④つまみ布を作ります。縫い代を内側に折り、同色で2枚ずつ外表に合わせてしつけをかけます（型紙を使うとやりやすい）。周りをカムチムチルで縫い合わせます。
⑤つまみ布2枚を本体の中心に置き、こうもり（55ページ）で押さえます。

タクァポ（茶菓褓）配置図

中央のパターンの順序

つまみ布を作る（実物大型紙は71ページ）

白……2枚
ピンク…2枚

でき上がり図

崔 良淑 (チェヤンスク) Choi Yangsook

韓国・ソウル出身。日本在住。染色・ポジャギ作家、ポジャギ講師として活動中。1985年に来日。日本のさまざまな染色を学ぶ。1995年染色とポジャギのアトリエ「からむし工房」設立。2003年に初の著書『布の重なり、つぎはぎの美 ポジャギ』日本ヴォーグ社より出版。以降、国内外の出版社で複数の著書を手掛ける。フランス「Quilt Expo in Beaujolais」で招待展開催など、展示会多数。現在、からむし工房主宰、ヴォーグ学園 横浜校・名古屋校・大阪心斎橋校・福岡天神校にて、ポジャギ、韓国刺しゅう、韓国の針仕事の講師を務める。

からむし工房　http://www.karamusi.co.jp/

[素材協力]

金亀糸業株式会社 (デュオマーカー)
〒103-0004 東京都中央区東日本橋1-2-15
TEL03-5687-8511

クロバー株式会社 (針、定規、へら、はさみなど手芸道具)
〒537-0025 大阪府大阪市東成区中道3-15-5
TEL06-6978-2277 (お客様係)

株式会社フジックス (タイヤーミシン糸、手縫い糸、シャッペスパン)
http://www.fjx.co.jp

[作品制作協力]
李 仁子、小林祥子

[staff]
撮影／山本正樹、安東紀夫、鈴木信雄 (44～61ページ)、
　　　森村友紀 (62～64ページ)
スタイリスト／井上輝美
レイアウト／加藤美貴子、イシグロデザインルーム
作り方トレース／(株)WADE (手芸部)、ファクトリー・ウォーター
編集協力／鈴木さかえ、鈴木統子
編集担当／石上友美

この本に関するご質問はお電話またはWebで
書名／増補改訂版 布の重なり、つぎはぎの美 ポジャギ
本のコード／NV70509
担当／石上
TEL03-3383-0634 (平日13:00～17:00受付)
Webサイト「日本ヴォーグ社の本」http://book.nihonvogue.co.jp/
※サイト内「お問い合わせ」からお入りください (終日受付)。
※Webでのお問い合わせはパソコン専用になります。

本書に掲載の作品を、複製して販売 (店頭、ネットオークション、バザーなど) することは禁止されています。個人で手作りを楽しむためにのみご利用ください。

あなたに感謝しております　We are grateful.

手づくりの大好きなあなたが、この本をお選びくださいましてありがとうございます。内容はいかがでしたでしょうか？本書が少しでもお役に立てば、こんなにうれしいことはありません。日本ヴォーグ社では、手づくりを愛する方とのおつき合いを大切にし、ご要望におこたえする商品、サービスの実現を常に目標としています。小社及び出版物について、何かお気付きの点やご意見がございましたら、何なりとお申し出ください。そういうあなたに私共は常に感謝しております。

株式会社日本ヴォーグ社社長　瀬戸信昭　FAX 03-3383-0602

増補改訂版
布の重なり、つぎはぎの美　ポジャギ

発行日／2018年10月29日
著者／崔 良淑
発行人／瀬戸信昭
編集人／今 ひろ子
発行所／株式会社日本ヴォーグ社
〒164-8705　東京都中野区弥生町5-6-11
編集 03-3383-0634 ／ 販売 03-3383-0628
振替／00170-4-9877
出版受注センター／TEL03-3383-0650　FAX03-3383-0680
印刷所／株式会社東京印書館

Printed in Japan © Choi Yangsook 2018
NV70509　ISBN978-4-529-05853-7 C5077

本書の複写に関わる複製、上映、譲渡、公衆送信 (送信可能化を含む) の各権利は株式会社日本ヴォーグ社が管理の委託を受けています。
JCOPY <(社)出版者著作権管理機構 委託出版物>
本書の無断複写は著作権法上での例外を除き禁じられています。複写される場合は、そのつど事前に (社)出版者著作権管理機構 (TEL 03-3513-6969、FAX 03-3513-6979、e-mail: info@jcopy.or.jp) の許諾を得てください。
万一、乱丁本・落丁本がありましたら、お取り替えいたします。お買い求めの書店か、小社販売部 (TEL03-3383-0628) へご連絡ください。

日本ヴォーグ社関連情報はこちら
(出版、通信販売、通信講座、スクール・レッスン)
http://www.tezukuritown.com/　[手づくりタウン] [検索]